本著作获全国高校思政课建设项目：全国高校「思想道德与法治」教学创新中心（复旦大学）支持，项目批准号：21SZJS31024655

唐明燕 著

人格修养 · 社会关爱 · 家国情怀

中华优秀传统文化的核心理念

中华书局

图书在版编目(CIP)数据

中华优秀传统文化的核心理念/唐明燕著. —北京:中华书局,2022.10(2024.11重印)
ISBN 978-7-101-15282-1

Ⅰ.中⋯ Ⅱ.唐⋯ Ⅲ.中华文化-研究 Ⅳ.K203

中国版本图书馆 CIP 数据核字(2021)第 141251 号

书 名	中华优秀传统文化的核心理念	
著 者	唐明燕	
责任编辑	杨 帆	
文字编辑	刘 彤	
封面设计	许丽娟	
责任印制	陈丽娜	
出版发行	中华书局	

(北京市丰台区太平桥西里 38 号 100073)
http://www.zhbc.com.cn
E-mail:zhbc@zhbc.com.cn

印 刷	北京建宏印刷有限公司	
版 次	2022 年 10 月第 1 版	
	2024 年 11 月第 2 次印刷	
规 格	开本/920×1250 毫米 1/32	
	印张 10⅜ 插页 2 字数 200 千字	
国际书号	ISBN 978-7-101-15282-1	
定 价	68.00 元	

目录

前言

中华优秀传统文化与立德树人

　　教育的根本任务是立德树人，"立德"是"树人"的基础，我国教育事业所树之"人"是德智体美劳全面发展的社会主义建设者和接班人，其中"德"是核心。社会主义建设者和接班人所应立之"德"主要体现在树立马克思主义信仰和共产主义理想、深具中华民族主体意识和爱国主义情怀、坚守社会主义核心价值观、对中国特色社会主义道路深刻认同和深度自信等方面。这些"德"如果能够"立"起来，那么"树"全面发展的社会主义建设者和接班人、"树"能够担当民族复兴大任的时代新人便具备了坚实的根基。对"立德"来说，中华优秀传统文化发挥的是培根铸魂的作用。新时代立德树人离不开中华优秀传统文化，其原因主要体现在如下四个方面：

　　其一，树立中华民族主体意识和爱国主义情怀离不开中华优秀传统文化。中华优秀传统文化记载了中华民族在长期奋斗中开展的精神活动、创造的文化成果，是中华民族语言习惯、文化传统、思想观念、情感认同的集中体现，凝聚着中华民族普遍认同和广泛接受的道德规范、思想品格和价值取向，反映了中华民族的精神追求，其核心理念构成了中华民族的精神基因，潜移默化地影响着中国人的思维方式与行为方式。在中华优秀传统文化的熏陶浸染下，中华民族形成了看待世界、看待社会、看待人生的独特价值体系。中华民族之所以能够在几千年的历史长河中生生不息、薪火相传、顽强发展，很重要的一个原因就在于中华民族有着一脉相承的精神特质、精神脉络，而这些都植根于中华优秀传统文化之中。正因为如此，习近平总书记多次强调，中华优秀传统文化积淀着中华民族最深沉的精神追求，代表着中华民族独特的精神标识，是中华民族生生不息、发展壮大的丰厚滋养，是我们在世界文化激荡中站稳脚跟的坚实根基，是我国的独特优势，抛弃传统、丢掉根本，就等于割断了自己的精神命脉。

其二，树立马克主义信仰和共产主义理想，坚持走中国特色社会主义道路离不开中华优秀传统文化。每个国家和民族的历史传统、文化积淀、基本国情不同，其发展道路必然有着自己的特色。马克思主义基本原理同中华优秀传统文化相结合是习近平新时代中国特色社会主义思想的突出特色，习近平总书记指出，解决中国的问题只能在中国大地上探寻适合自己的道路和办法。数千年来，中华民族走着一条不同于其他国家和民族的文明发展道路。中国共产党开辟了中国特色社会主义道路不是偶然的，是由我国历史传承和文化传统决定的，独特的文化传统，独特的历史命运，独特的基本国情，注定了我们必然要走适合自己特点的发展道路。可以说，中国特色社会主义道路始终植根于中华优秀传统文化的沃土之中，反映了中国人民的意愿，有着深厚的历史渊源和广泛的现实基础。从这个角度来说，弘扬中华优秀传统文化有助于引导受教育者认清中国特色社会主义道路的历史必然性，从而坚定对马克思主义和中国特色社会主义的信心。

其三，加强社会主义道德建设，涵养社会主义核心价值观离不开中华优秀传统文化。中华优秀传统文化是向上向善的文化，中华优秀传统文化孕育了具有鲜明民族特色的中华传统美德，其铭记在中国人的心灵中，融入到中国人的血脉里，是能够不断激发全社会向上向善的正能量。习近平总书记指出，社会主义核心价值观其实就是一种德，牢固的核心价值观，都有其固有的根本，社会主义核心价值观本身便是对中华优秀传统道德的传承和升华。培育和弘扬社会主义核心价值观必须立足中华优秀传统文化，要认真汲取中华优秀传统文化的思想精华和道德精髓。否则就不会有生命力和影响力。可以说，中华优秀传统文化为社会主义道德建设提供了丰厚滋养，是涵养社会主义核心价值观的重要源泉。

其四，树立文化自信，振奋民族精神离不开中华优秀传统文化。文化是民族生存和发展的重要力量，是一个国家、一个民族的灵魂，是孕育民族精神的母体。文化自信是更基础、更广泛、更深厚的自信，是更基本、更深沉、更持久的力量。坚定文化自信是事关国运兴衰、事关文化安全、事关民族精神独立性的大问题。没有中华文化的繁荣兴盛，就没有中华民族的伟大复兴。增强文化自觉和文化自信，是坚定道路自信、理论自信、制度自信的题中应有之义。新时代所讲的"中华文化"包括在五千多年文明发展中孕育的中华优秀传统文化，在党和人民伟大斗争中孕育的革命文化和社会主义先进文化，其中，中华优秀传统文化是根基。弘扬中华优秀传统文化、借助中华优秀传统文化来开展思想政治教育以立德树人，有助于夯实文化自信的根基，振奋中华民族精神。

　　总之，完成立德树人根本任务必须依托中华优秀传统文化。将中华优秀传统文化融入思想政治教育，从中华优秀传统文化中汲取思想资源，发挥中华优秀传统文化的育人功能，是新时代提升受教育者的思想水平、道德品质、政治觉悟、文化素养，培养中国特色社会主义事业的合格建设者和可靠接班人的重要途径。当前，尽管学界普遍认可中华优秀传统文化立德树人的价值，教育工作者也有在工作中应用中华优秀传统文化的较强意愿，但是，就现有研究状况来看，关于中华优秀传统文化中具体有哪些价值理念、思想资源可以为立德树人服务，又应该如何恰当理解、正确使用这些价值理念和思想资源，却以宏观的、框架式的探讨居多，而缺乏深入、细致的梳理和探究。中华优秀传统文化的核心价值理念是中华优秀传统文化的灵魂，本著作即以此为主题围绕立德树人的需要而作，以期在一定程度上弥补现有研究的缺憾。

　　中华优秀传统文化博大精深，中华优秀传统文化的核心理念必然随之内涵丰富，采用不同的研究框架，站在不同的视角可以做出不同的归纳和解读。因此，以何种框架从中华优秀传统文化中筛选出有助于开展立德树人实践的思想资源是本著作首先要解决的问题。本著作在学界研究的基础上，充分吸收习近平总书记传承发展中华优秀传统文化的新思想、新观点、新论断，以《完善中华优秀传统文化教育指导纲要》《关于实施中华优秀传统文化传承发展工程的意见》《新时代公民道德建设实施纲要》等纲领性文件精神为指引，紧扣立德树人的实际需要，确立了人格修养、社会关爱、家国情怀三个研究向度。这三个向度涵盖面广，既能够体现中华优秀传统文化立己达人、修齐治平的思想特色，又符合党中央对中华优秀传统文化的功能定位。本著作即从这三个向度入手来搭建研究框架，分门别类地发掘整理中华优秀传统文化所蕴含的有助于涵养社会主义核心价值观、有助于培育中华民族精神、有助于提升文化自信和公民思想道德素质、有助于增进对中国特色社会主义发展道路认同的思想理念和价值观念，考察其源流、辨析其特征、展现其基本内涵、评估其历史影响、探索其历史传承，并结合新时代立德树人的要求做出诠释。

毫无疑问，中国历史上出现过的儒家、道家、墨家、法家、佛家、阴阳家、兵家、名家、杂家等都为中华传统文化的形成和发展做出了贡献，中华传统文化是这些思想流派分途发展又相互交融的结果。既然如此，那么作为中华传统文化精华部分的中华优秀传统文化，也不例外。但是须同时注意的一点是，儒学是中华传统文化的主干，对中华优秀传统文化的形成和发展贡献最大。儒学创始人孔子通过对夏商周的礼乐文明进行因革损益，将其中所蕴含的道德元素和人文精神突显出来，建构了儒家学派。就儒学的发展历程来看，可以毫不夸张地说，儒学上承夏商周三代之精华，下开两千年中国思想之正统，上行下效、深入人心；儒学对中国历史进程、对中国人精神世界的影响是全方位的，并且发挥了主导作用，远远超越了其它学派。以中华优秀传统文化的尺度来审视中国思想史上出现的各主要思想流派，可以发现那些公认的、党和国家所倡导的能够对中华民族精神世界起到支撑作用、能够为新时代社会主义道德建设和社会主义核心价值观提供丰厚滋养的中华传统思想理念和价值观念绝大多数都与儒学有着深厚的渊源。可以说，中华优秀传统文化与儒学中的优秀部分有大面积的重合，儒学是中华优秀传统文化的主要锻造者，儒学之外的其它学派起到的主要是附属和补充作用。基于此，为了在有限的篇幅内更深入地阐发中华优秀传统文化的核心价值理念，本著作主要以儒家经典为思想资料来揭示这些核心价值理念的基本特征和精神内涵。

　　本著作可以为思想政治教育领域的研究者提供诠释中华优秀传统文化的新思路，可以从价值观层面为教育工作者以及理论宣传部门提供系统的中华优秀传统文化资源，也可以为传统文化爱好者提供理解中华优秀传统文化的新视野。

第一章

中华优秀传统文化的总体格局

中华文化源远流长，根据考古发现，百余万年前的中华大地上便有了先民活动的痕迹。伴随着生产力的提高，大约距今五千年以前，我国的黄河流域、长江流域的一些氏族部落从母系氏族公社阶段过渡到父系氏族公社阶段，这一时期出现了三皇五帝的事迹，这些事迹在诸多古籍中均有记载，例如《史记》开篇即为《五帝本纪》，三皇五帝一般被视为中华民族的人文始祖。随着私有制的发展，氏族部落逐步解体，公元前21世纪中国历史上第一个世袭制王朝——夏朝建立，经过大约四百多年，商朝取代了夏朝。在夏、商时期，思想领域占据支配地位的是天命鬼神观念，是原始宗教的天帝崇拜、自然崇拜和祖先崇拜，其中，祖先崇拜是核心。又过了五百余年，商朝被西周取代，为了给这种政权更迭寻求到合法性，西周统治者提出了"天命靡常"①"皇天无亲，惟德是辅"②的思想，在天命面前，为人的主观能动性开辟了地盘。以此为契机，中国人逐渐从殷商时期"殷人尊神，率民以事神，先鬼而后礼"③，事事卜筮、绝对笃信上帝神的宿命论中解放出来，开始用自己的智慧来思索世界，人的自觉性逐步提高。到了春秋战国时期，周政权衰败、诸侯割据，学者们纷纷从各自的学理出发，对社会、政治、人生发表看法，针砭时弊，寻求出路，自由气息浓厚，思想异常活跃，形成了百家争鸣的局面。"从开始形成有

① 《诗经·大雅·文王》。
② 《尚书·蔡仲之命》。
③ 《礼记·表记》。

系统的思想体系这一点来说，先秦百家争鸣是中国文化发展的源头。"①千帆过尽，大浪淘沙，诸子百家虽然都为中华传统文化的形成与发展、为培育中华民族精神做出了贡献，但这些智慧的火花命运却不相同，有的倏然逝去，有的薪火相传。唯有儒学脱颖而出，成为中华传统文化的主干，并经过历史演化，最终形成了"以儒学为主干，儒释道互补"的总体文化格局。

一、以儒学为主干

在中华传统文化的总体格局中，儒学居于主干地位，但是儒学的主干地位并非从一开始便被确立下来，而是经历了一个发展过程。在百家争鸣时期，能够与儒学形成抗衡的还有两个学派，一个是墨家，一个是法家。本节将结合当时的历史背景，通过将儒家与墨家、儒家与法家进行对比，来揭示儒学脱颖而出的原因。

①钱逊：《先秦儒学》，沈阳：辽宁教育出版社，1991年，第213页。

（一）儒墨异同及墨家的局限

诸子百家中的墨家，是由代表手工业者阶层的学者组成的学术团体。据《淮南子》记载："墨子学儒者之业，受孔子之术，以为其礼烦扰而不悦，厚葬靡财而贫民，服伤生而害事。故背周道而用夏政。"①按照这一记载，墨子曾受学于儒门，但因认为儒学繁琐、不实用，故欲补弊扶偏，于是从儒家中分化出来，自成一派。在诸子百家中，墨家学派最为务实，他们"处处把人生行为上的应用作为一切是非善恶的标准。"②墨子思想的出发点可以概括为"兴天下之利，除天下之害"③，简而言之，凡是有利于物质财富增加、有利于人口增加的事情，就是墨子心目中的天下之利；凡是妨碍物质财富增加、妨碍人口增加的事情，就是墨子心目中的天下之害。从"兴天下之利、除天下之害"这样一种实用立场出发，墨子针对当时的社会弊端，提出了十项主张："国家昏乱，则语之尚贤、尚同；国家贫，则语之节用、节葬；国家憙音湛湎，则语之非乐、非命；国家淫僻无礼，则语之尊天、事鬼；国家务夺侵凌，则语之兼爱、非攻。"④总体来看，儒墨之间针锋相对，甚至在一定程度

① 《淮南子·要略》。
② 胡适：《中国哲学史大纲》，石家庄：河北教育出版社，1996年，第120页。
③ 《墨子·节葬下》。
④ 《墨子·鲁问》。

上可以说儒家赞同什么，墨家就反对什么。关于二者的相左之处，择要列举如下：

※ 儒家重视礼仪，墨家主张"节用"。

儒家看重各种礼节和仪式，在儒家的视野中，礼节和仪式具有规范行为、增进道德的作用。也正是在儒家重视礼仪这样一种思想理念的熏陶之下，古代中国获得了"礼仪之邦"的美称。但是，各种礼节和仪式，在墨子看来，都是些浮华、不实用的东西，都是统治阶层借以剥削老百姓的手段。墨子讲："其使民劳，其籍敛厚"[①]"诸加费不加于民利者，圣王弗为"[②]。墨子认为真正的圣王不应该去助长这些浮华奢靡的东西，所以他倡导"节用"。

"节用"的具体标准是怎样的呢？对于饮食，墨子认为，只要能够填饱肚子、强健体质、耳聪目明就可以了，而不应该去追求色香味俱佳以及品质稀缺。即谓："古者圣王制为饮食之法，曰：'足以充虚继气，强股肱，耳目聪明，则止。'不极五味之调、芬香之和，不致远国珍怪异物。"[③]对于衣服，墨子认为，只要能够做到冬天温暖、夏天凉爽就可以了，而不应该去追求华美。即谓："古者圣王制为衣服之法，曰：'冬服绀緅之衣，轻且暖；夏服絺绤之衣，轻且清，则止。'诸加费不加

---

① 《墨子·节用上》。

② 《墨子·节用中》。

③ 《墨子·节用中》。

于民利者，圣王弗为。"①对于住房，墨子认为，只要能够遮风挡雨、干净整洁、具备房屋的基本功能、能把男女区分开来，让生活方便就可以了，而不应该去追求高大宏伟、富丽堂皇。即谓："然则为宫室之法将奈何哉？子墨子言曰：'其旁可以圉风寒，上可以圉雪霜雨露，其中蠲洁，可以祭祀，宫墙足以为男女之别，则止。'诸加费不加民利者，圣王弗为。"②

总之，对于一切生活消费方面的事情，只要够用就可以了，这就是墨子的"节用"。

※　儒家赞同厚葬久丧，墨家主张"节葬"。

在丧事和祭祀的问题上，儒家遵循的是古礼，古礼比较繁琐、限制较多。例如，根据社会身份的不同，棺材的厚度便有不同的讲究，即谓："古之丧礼，贵贱有仪，上下有等，天子棺椁七重，诸侯五重，大夫三重，士再重"③；再例如，亲人过世之后服丧的时间也很长，"君死，丧之三年；父母死，丧之三年；妻与后子死者，五皆丧之三年；然后伯父叔父兄弟孽子其；族人五月；姑姊甥舅皆有月数"④。

墨子认为，上述厚葬久丧做法的社会危害极大。对于物质财富的增加来说，"厚葬"把生产出的财富又埋了回去，"久丧"

---

① 《墨子·节用中》。
② 《墨子·节用中》。
③ 《庄子·天下》。
④ 《墨子·节葬下》。

则会耽误人的劳动时间。因此在墨子看来，通过厚葬久丧的方式来追求物质财富的增加，就相当于不让老百姓种地却要求好的收成一样，是不可能的事情。即谓："细计厚葬，为多埋赋之财者也。计久丧，为久禁从事者也。财以成者，扶而埋之，后得生者，而久禁之，以此求富，此譬犹禁耕而求获也，富之说无可得焉。"①对于人口的增加来说，"久丧"会影响人的睡眠、饮食，从而造成人的体质下降、健康受损，而且"久丧"对生儿育女的行为也有诸多限制，这些都会导致人口数量减少。在墨子看来，若一方面倡导长久服丧，另一方面又希望增加人口，这就相当于捅了人一剑，却还希望这个人健康长寿一样荒诞。即谓："使面目陷阤，颜色黧黑，耳目不聪明，手足不劲强，不可用也。又曰：上士操丧也，必扶而能起，杖而能行，以此共三年。若法若言，行若道，苟其饥约又若此矣。是故百姓冬不仞寒，夏不仞暑，作疾病死者，不可胜计也。此其为败男女之交多矣。以此求众，譬犹使人负剑，而求其寿也。众之说无可得焉。"②

　　鉴于以上认识，墨子主张"节葬"。关于"节葬"的标准，墨子讲："古者圣王制为节葬之法，曰：'衣三领，足以朽肉；棺三寸，足以朽骸。堀穴深不通于泉，流不发泄，则止。死者既葬，生者毋久丧用哀。'"③在墨子看来，衣服三件，足够穿

① 《墨子·节葬下》。
② 《墨子·节葬下》。
③ 《墨子·节用中》。

到尸体腐烂了；棺材三寸厚，也足够用到尸体腐朽了；墓穴不需要挖到泉水流出来的程度，只需要"流不发泄"，即尸体腐臭的气息不至于散发出来就可以了；亲人安葬完毕后，活着的人不需要长久地哀痛。墨子认为这样可以节约人力、物力，更有利于增加物质财富、增加人口。

※　儒家重视音乐，墨家主张"非乐"。

儒家看重音乐对人的灵魂的熏陶、教化功能。据《论语》记载，"子在齐闻《韶》，三月不知肉味"[1]，即孔子在齐国听到《韶》这个乐曲，很长时间都忘了肉的滋味，可见他对音乐的喜爱程度。但是，在应不应该听音乐这个问题上，墨子却认为不应该听。墨子之所以倡导"非乐"不是因为音乐不好听，而是因为他认为音乐对解决人民疾苦无益。墨子讲：

> 民有三患：饥者不得食，寒者不得衣，劳者不得息，三者民之巨患也。然即当为之撞巨钟、击鸣鼓、弹琴瑟、吹竽笙而扬干戚，民衣食之财将安可得乎？即我以为未必然也，意舍此。[2]

在墨子看来，老百姓最担心的事情有三件：饿了吃不上东西，

---

[1] 《论语·述而》。
[2] 《墨子·非乐上》。

冷了穿不上衣服，累了得不到休息。但是，音乐以及与音乐相关的娱乐活动却在"撞巨钟、击鸣鼓、弹琴瑟、吹竽笙而扬干戚"，不仅不能解决老百姓最迫切的生存问题，反倒会加重老百姓的负担，因此，墨子主张"非乐"。

※　儒家倡导"仁爱"，墨家主张"兼爱"。

"仁爱"和"兼爱"都是爱，虽只有一字之差，但差别却很大。儒家的"仁爱"植根于血缘亲情之中，这种"爱"要求人们先爱亲人、最爱亲人，然后再分一些爱给别人。但是需要注意的一点是：分出去的爱，只会越分越少。因此儒家"仁爱"的特点可以概括为：爱有差等，施由亲始。即这种爱要从爱亲人出发，爱亲人和爱别人是不一样的，爱是有亲疏厚薄之分的。

在墨子看来，儒家上述有亲疏厚薄之分的爱是有问题的。问题就在于：如果人人都先爱亲人、最爱亲人，那么当自己亲人的利益与其他人的利益发生冲突的时候，很可能就会出现牺牲别人的利益来成全自己人利益的情况。即谓："今诸侯独知爱其国，不爱人之国，是以不惮举其国以攻人之国。今家主独知爱其家，而不爱人之家，是以不惮举其家以篡人之家。今人独知爱其身，不爱人之身，是以不惮举其身以贼人之身。是故诸侯不相爱则必野战，家主不相爱则必相篡，人与人不相爱则必相贼，君臣不相爱则不惠忠，父子不相爱则不慈孝，兄弟不相爱则不和调。天下之人皆不相爱，强必执弱，富必侮贫，贵必敖贱，诈必欺愚。"①所以，墨子认为，这种有差等的爱不能够从根本上解决我们这个社会的纷争。因而墨子要倡导"兼爱"。关于"兼爱"的内涵，墨子将其概括为：

> 视人之国若视其国，视人之家若视其家，视人之身若视其身。②
>
> 为彼者由为己也。③

可见，墨子的"兼爱"要求人们完全超越血缘亲情的羁绊，绝对地爱人如己。

在墨子看来，如果人人都能爱人如己，便可以避免发生争夺混乱、互相残害的事情，天下便会达到真正的大治。即谓："若使天下兼相爱，爱人若爱其身，犹有不孝者乎？视父兄与君若其身，恶施不孝？犹有不慈者乎？视弟子与臣若其身，恶施不慈？故不孝不慈亡有。犹有盗贼乎？故视人之室若其室，谁窃？视人身若其身，谁贼？故盗贼亡有。犹有大夫之相乱家、诸侯之相攻国者乎？视人家若其家，谁乱？视人国若其国，谁攻？故大夫之相乱家、诸侯之相攻国者亡有。若使天下兼相爱，国与国不相攻，家与家不相乱，盗贼无有，君臣父子

①《墨子·兼爱中》。
②《墨子·兼爱中》。
③《墨子·兼爱下》。

皆能孝慈，若此则天下治。"①

　　※　**儒家主张"举贤才"，墨家倡导"尚贤"。**

　　在国家管理层面，两个学派都要求把有才华的人选拔出来，儒家主张"举贤才"，墨子倡导"尚贤"。两种主张从字面来看，差别不大。但因为情感根基不同，实质差别却很大。

　　儒家的"举贤才"，其情感根基是"仁爱"。而"仁爱"，如前文所述，是植根于血缘亲情之中的爱，是一种有差等的爱。因而，如果让一个儒家的人来选拔官员，他很可能会先把自己亲戚朋友中有才华的人选拔出来，然后才是其他人中有才华的人。例如，孟子在建议国君选拔贤能的时候，便曾说："国君进贤，如不得已，将使卑逾尊，疏逾戚，可不慎与？"②可见，"使卑逾尊，疏逾戚"在孟子视野中是退而求其次的做法，若与国君关系亲近的人足以胜任，那么"卑"、"疏"则不会被列入考虑范围之中。但是，墨子的"尚贤"却并非如此，其"尚贤"与亲疏远近无关，是一种不受世俗羁绊、彻底的"尚贤"，这正如墨子所讲：

　　　　列德而尚贤，虽在农与工肆之人，有能则举之，高予之爵，重予之禄，任之以事，断予之令。③

----

① 《墨子·兼爱上》。
② 《孟子·梁惠王下》。
③ 《墨子·尚贤上》。

可见，在墨子看来，只要一个人有才华、有品德，就应该推举他，给予其爵位，给予其俸禄，给予其做事的机会。墨子明确提出"官无常贵而民无终贱"的主张，即谓："以德就列，以官服事，以劳殿赏，量功而分禄。故官无常贵，而民无终贱，有能则举之，无能则下之。"①这在当时的社会背景下，十分难得。

※　**儒家"敬鬼神而远之"，墨子主张"明鬼"。**

在有没有鬼神的问题上，儒家的态度是含糊不清的。《论语》记载了孔子与学生之间关于这一问题的一段讨论，即谓：

> 季路问事鬼神。子曰："未能事人，焉能事鬼？"曰："敢问死。"曰："未知生，焉知死？"②

孔子借回答季路的问题表明了自己对"鬼"和"死"的看法，孔子认为，人生在世应该首先搞明白怎么活着和怎么做人的问题。在这段对话中，孔子没有正面回答学生的问题，而是引导学生把关注的目光引向现世今生。

与儒家相反，在有没有鬼的问题上，墨子却认为有鬼，而且他认为应该大力倡导鬼的观念，这就是"明鬼"。墨子为什

---

① 《墨子·尚贤上》。
② 《论语·先进》。

么会持这样一种见解呢？这还是要回到他的思想出发点——兴天下之利，除天下之害。"鬼"的观念相当于在人的心灵之上，为人的行为增加了一道约束力，"戒之慎之！凡杀不辜者，其得不祥，鬼神之诛，若此之憯遬也！"① 可见，在墨子看来，相信有鬼存在的普通人会因为担心受到"鬼"的惩罚而不敢去做坏事；相信有鬼存在的王公大人，也会出于对"鬼"的惧怕，而真诚地去"兴天下之利，除天下之害"，即谓："今天下之王公大人士君子，中实将欲求兴天下之利，除天下之害，当若鬼神之有也，将不可不尊明也，圣王之道也。"② 基于上述认识，"鬼"的观念在墨子的视野中成了一个有利于社会发展的好的观念，所以他要"明鬼"。

以上便是墨学与儒学主要的相左之处。墨学曾显赫一时，有"世之显学，儒、墨也"③的说法。然而繁华过后，墨学却并没有在中国发展起来，自秦汉之后墨学便开始沉沦，《史记》中，司马迁仅在《孟子荀卿列传》之后为墨子附了区区24个字，只是很简单地介绍了一下墨子的生平："盖墨翟，宋之大夫，善守御，为节用。或曰并孔子时，或曰在其后。"④ 此后直至清朝乾嘉年间，在墨学研究出现转机之前，墨学几乎从历史上消失了，考察墨学历史，其式微的原因主要可归结为以下

---

① 《墨子·明鬼下》。

② 《墨子·明鬼下》。

③ 《韩非子·显学》。

④ 《史记·孟子荀卿列传第十四》。

四点：

其一，墨家学说本身存在内在矛盾，功利实用色彩过浓。例如，墨家的"节葬"是为了节约社会财富，保证劳动时间，发展社会生产力；"天志"、"明鬼"是为了警示统治者谨慎行政、为民造福；"非命"是为了将人从盲目悲观的宿命论中解放出来，鼓励人们积极发挥主观能动性。单看这每一项主张确实有良好的愿望，也应该有实用效果。但是，倘若将这几项主张联系起来推敲，便会发现明显的矛盾之处。例如，一方面强调"鬼"的存在，另一方面又主张"节葬"，那么鬼会不会因为"薄葬"而迁怒于人呢，怎么消除人们的这种恐惧呢？墨子并没有做出进一步的解释。东汉时的王充已经注意到了墨学的这一缺陷，王充说："墨家薄葬、右鬼，道乖相反违其实，宜以难从也。"[1]墨子的其它主张例如"天志"与"非命"也存在着类似的矛盾。可见，墨子在建构思想体系时，仅考虑到了各项主张的直接实用效果，却忽视了各项主张之间的内在逻辑关联，缺乏一致性和说服力，经不起穷根究底式的追问，难以自圆其说。而一个理论体系倘若缺乏说服力，那么它所孜孜追求的实用效果便不可能真正落实，更经不起历史的考验。

其二，墨家组织具有封闭性，缺乏兼容并包的精神。墨家组织具有半军事化的性质，其最高首领称为"巨子"，"巨子"的权力很大，墨家弟子都要服从"巨子"的指令，这种组织

---

[1]《论衡·卷二十九·案书篇》。

形式体现了墨家"尚同"的原则，但却限制了思想自由。"巨子"长期处于一片尊崇之声中，极易盲目自大，如墨子便曾说："吾言足用矣，舍言革思者，是犹舍获而攗粟也。以其言非吾言者，是犹以卵投石也，尽天下之卵，其石犹是也，不可毁也。"①墨子表达的意思是："我的言论足够有用了，舍弃我的学说而另外思虑，这就像放弃自己的收成而去拾别人遗留的谷穗一样。用别人的言论否定我的言论，这就像用鸡蛋去碰石头一样。即使用尽全天下的鸡蛋去砸石头，石头还是石头，并不会被损坏。"从这段话中，我们便可以感受到墨子思想的固步自封。而盲目自大、不能在兼收并蓄中不断改进自身是学术发展的大敌，一旦环境变化，那些不能及时纠正自身缺陷，予以变通的学说总是难逃被湮灭的命运。

其三，墨家思想具有空想性，行为具有极端性，严重脱离当时中国的社会实际，群众基础差，很难维继。以墨家核心主张"兼爱"为例，墨子要求人们"视人之国若视其国，视人之家若视其家，视人之身若视其身"②，即要爱人如己。而中国古代社会是个重视血缘亲情的宗法色彩浓厚的社会，墨子却要求人们摆脱这种自然情感，完全一视同仁，虽然境界无比高尚，但却是逆人性而为。况且，墨家在精神上对人提出高要求的同时，却在物质上给人设定了很低的标准，力倡"节葬""节

①《墨子·贵义》。

②《墨子·兼爱中》。

用""非乐"，精神上的高要求与物质上的低标准形成强烈反差，很难对人产生吸引力，这正如《庄子》所评价的那样："墨子虽独能任，奈天下何！离于天下。"①

此外，墨家还经常率弟子以武力方式直接帮助弱小国家，去对抗那些在墨家看来违背"兼相爱，交相利"原则的强国。战争难免有死伤，这种极端的行为也在一定程度上削弱了墨家的力量。另外，墨家成员以手工业者为主，而中国自古便以农业立国，从长远来看，也不利于墨家发展壮大。

其四，墨家发展到后期，以名辩逻辑见长，思想单一，理论单薄，不能全方位地切合中国古代社会生活，难以撑起中华传统文化的大厦。

以上因素使墨家思想中的合理内容只能以碎片的形式流传，作为一个完整的学说体系，墨学逐渐湮灭了。关于墨家的颓势，清代孙诒让在《墨子间诂》中这样讲道："乃唐以来，韩昌黎外无一人能知墨子者，传诵既少，注释亦稀。乐台旧本，久绝流传，阙文错简，无可校正，古言古字更不可晓，而墨学尘霾终古矣。"②

---

① 《庄子·天下》。
② 《墨子间诂·俞序》。

（二）儒法的差异及法家的偏执

诸子百家中的法家，没有明确的创立者，学界通常将春秋时期的管仲和子产视为法家的先驱，把战国时期的商鞅、申不害、慎到视为法家思想理论的奠基者。商鞅的理论特色是"法"，他主张以法"为治之本也"[①]；申不害的理论特色是"术"，他致力于构建君主驾驭大臣的方法；慎到的理论特色是"势"，认为"势位足以屈贤"[②]，他致力于加强君主的权势。到战国末期，韩非子继承发展了前期法家的思想，成为法家的集大成者，建构起了法家思想体系的大厦。法家的核心思想可以概括为两点，一是古今异势、因时变法；二是倡言法治、提倡纲纪。

※ 古今异势 因时变法

"古今异势，因时变法"是法家思想的要点，是其区别于其他学派的地方。当时，其他主要思想流派均非如此，譬如：儒家"从周"，如孔子曰："郁郁乎文哉！吾从周"[③]；墨家"背周道而用夏政"[④]；道家则希望社会能够退回到小国寡民、结绳

---

① 《商君书·定分》。
② 《慎子·威德》。
③ 《论语·八佾》。
④ 《淮南子·要略》。

记事的原始社会，即"小国寡民。使有什佰之器而不用，使民重死而不远徙。虽有舟舆，无所乘之；虽有甲兵，无所陈之。使民复结绳而用之。甘其食，美其服，安其居，乐其俗。邻国相望，鸡犬之声相闻，民至老死，不相往来"①。总之，当时其他主流学派大都认为现代不如古代，希望现代能够回到古代。唯独法家不这么看，法家认为历史是向前发展的，要用发展变化的眼光来看待周围的世界。法家这一思想倾向主要体现在三个方面。

其一，法家认为，人的选择会随利益的变化而变化。譬如"禅让"，这种把自己的官位主动让渡给他人的情况，在韩非子时代已经不可能再发生。但是，韩非子认为，君主不再"禅让"并不能说明其道德水准降低了，而是因为环境的变化导致利益的变化。韩非子指出，在实行禅让制的时代，自然条件很恶劣："尧之王天下也，茅茨不翦，采椽不斫；粝粢之食，藜藿之羹；冬日麑裘，夏日葛衣；虽监门之服养，不亏于此矣。禹之王天下也，身执耒臿以为民先，股无胈，胫不生毛，虽臣虏之劳，不苦于此矣。"②自然条件的艰苦导致统治者并不能够因为统治者的身份而获得任何特殊利益，甚至还有可能因为这个身份，反倒要承担更多的社会责任，所以，把职位让给别人，"是去监门之养，而离臣虏之劳也，古传天下而不足多

①《老子》第八十章。
②《韩非子·五蠹》。

也"①。但是，到了韩非子时代，情况就不一样了，即使当一个县令也可以给自身带来巨大的利益，正如韩非子所言："今之县令，一日身死，子孙累世絜驾。"②即当一个县令，不仅自己活着的时候有好日子过，就是自己死了之后，自己的儿子、孙子还有车坐。正是因为利益出现了如此重大的变化，才出现了"轻辞古之天子，难去今之县令"③这样一种局面。在韩非子看来，这并不说明人的道德水准降低了，而是利益在驱动。利益发生变化了，人的选择自然会随之变化。

其二，法家认为，评价事情的标准会随时代的变化而变化。譬如，《韩非子》一书记载了"钻木取火"和"构木为巢"的故事，燧人氏发明了钻木取火的技术，有巢氏发明了构木为巢的技术。燧人氏和有巢氏因为这两项发明而被中华民族尊称为大英雄，即谓：

> 上古之世，人民少而禽兽众，人民不胜禽兽虫蛇。有圣人作，构木为巢以避群害，而民悦之，使王天下，号曰有巢氏。民食果蓏蚌蛤，腥臊恶臭而伤害腹胃，民多疾病。有圣人作，钻燧取火以化腥臊，而民说之，使王天下，号之曰燧人氏。④

---

① 《韩非子·五蠹》。
② 《韩非子·五蠹》。
③ 《韩非子·五蠹》。
④ 《韩非子·五蠹》。

但是，韩非子认为如果现在再跑到树上去盖房子，再用钻木头的方式去取火，那不仅不会受到崇拜，还很有可能遭到嘲笑。即谓："今有构木钻燧于夏后氏之世者，必为鲧、禹笑矣。"①时代发生变化了，评价一件事情的标准必然会发生变化。

其三，法家认为，处理事情的方法应因事情的变化而变化。譬如，大家都非常熟悉的"守株待兔"的故事，便出自于《韩非子》这部书：

宋人有耕田者，田中有株，兔走触株，折颈而死，因释其耒而守株，冀复得兔。兔不可复得，而身为宋国笑。②

韩非子把守株待兔的教训引申到治国理政上，他认为治理国家同样如此，即谓："今欲以先王之政，治当世之民，皆守株之类也。"③即幻想用老办法、用一劳永逸的方式治理国家，就如同"守株待兔"那般行不通。事情发生变化了，处理一件事情的方法理应发生变化。

基于上述认识，面对历史发展，法家的基本态度便是："世异则事异""事异则备变"，"不期修古，不法常可，论世之事，因为之备"④，即要因时变法。

----

① 《韩非子·五蠹》。
② 《韩非子·五蠹》。
③ 《韩非子·五蠹》。
④ 《韩非子·五蠹》。

※　倡言法治　法势术相结合

儒家把人与人的关系理解成情感关系、道德关系。所以，儒家主张以德来治国。但是，在韩非子看来，人和人之间不是这种关系，而是利益交换关系。

譬如，君与民之间的关系。儒家常用父子关系来类比君民关系，但是在韩非子看来，君民之间的关系并非如此，而是"君上之于民也，有难则用其死，安平则尽其力"[①]，即韩非子认为，君主对于老百姓，其所期待的是：在国家太平的时候，让老百姓为君主卖力；在国家危难的时候，让老百姓为君主卖命。而老百姓之所以会为君主卖命、卖力，在韩非子看来也并非因为爱这个君主，而是因为君主手中有权势而不得不听君主的命令。即谓："彼民之所以为我用者，非以吾爱之为我用者也，以吾势之为我用者也。"[②]

再譬如，君与臣之间的关系。孔子讲："君使臣以礼，臣事君以忠。"[③]这句话中的"礼"和"忠"均包含着浓厚的情感色彩。但是，在韩非子看来，君臣之间不是这种关系，而是一种买卖关系，正所谓"主卖官爵，臣卖智力"[④]，君主拿出官位与大臣交换，大臣就拿出智力、才华与君主交换。既然是交

---

① 《韩非子·六反》。
② 《韩非子·外储说右下》。
③ 《论语·八佾》。
④ 《韩非子·外储说右下》。

换，就会生怕自己吃亏，所以彼此之间是"计数之所出也"，即谓："臣尽死力以与君市，君垂爵禄以与臣市。君臣之际，非父子之亲也，计数之所出也。"①在君臣"计数之所出"的过程中，难免勾心斗角，君臣之间勾心斗角到什么程度呢？"上下一日百战"②，即在韩非子看来，一天之内君臣之间要勾心斗角一百多个回合。大臣为什么没有把君主拉下马来取而代之呢？原因只有一个，那就是大臣的力量还不够，力量要是够的话，大臣一定会把君主拉下马来，即谓："臣之所不弑其君者，党与不具也。"③这就是韩非子所理解的君臣关系。

即使是普通的人与人之间，在韩非子看来，也是一种利益交换关系。韩非子举了一个例子："舆人成舆，则欲人之富贵；匠人成棺，则欲人之夭死也。非舆人仁而匠人贼也，人不贵，则舆不售；人不死，则棺不买。情非憎人也，利在人之死也。"④造车的人把车造出来之后，就盼着别人发财；造棺材的人把棺材造出来之后，就盼着别人家死人。韩非子认为，这并不能说明造车的人品质好，造棺材的人品质不好，只是因为"人不贵则舆不售，人不死则棺不买"，别人不发财，就没有钱买车；家里不死人，就没有必要买棺材。这种心态的变化与道德情感无关，而是背后的利益在驱动。

---

① 《韩非子·难一》。
② 《韩非子·扬权》。
③ 《韩非子·扬权》。
④ 《韩非子·备内》。

甚至父母子女之间，在韩非子看来也是利益关系，他举了一个极端的例子："且父母之于子也，产男则相贺，产女则杀之。此俱出父母之怀衽，然男子受贺，女子杀之者，虑其后便，计之长利也。"①在韩非子看来，父母对待子女"犹用计算之心以相待也，而况无父子之泽乎"②。

既然韩非子把人与人之间的关系理解成纯粹的利益交换关系，那就决定了他不可能认同儒家"以德治国"的方式。韩非子讲："今学者之说人主也，不乘必胜之势，而务行仁义则可以王，是求人主之必及仲尼，而以世之凡民皆如列徒，此必不得之数也。"③从这段话中可以感受到，韩非子对儒家以德治国方式的不屑，在韩非子看来，依靠仁义来治理国家，便相当于把君主都当成了孔子，把老百姓都当成了孔子的学生，这是不切实际的空想，抱着这种思路，不可能取得好的治理效果。为此，韩非子为统治阶层开出了法、势、术相结合的治国方略：

其一，法。

关于"法"，韩非子的定义是："法者，编著之图籍，设之于官府，而布之于百姓者也。"④即"法"应具备三个要素：必须正式写在书面上，必须由政府权威部门制定，必须广而告之

---

① 《韩非子·六反》。
② 《韩非子·六反》。
③ 《韩非子·五蠹》。
④ 《韩非子·难三》。

让老百姓都了解。具备了这三个要素，就是韩非子视野中的"法"。关于"法"的重要性，韩非子讲：

> 释法术而任心治，尧不能正一国；去规矩而妄意度，奚仲不能成一轮；废尺寸而差短长，王尔不能半中。使中主守法术，拙匠守规矩尺寸，则万不失矣。①

韩非子认为如果不要规章制度，仅仅凭着君主的想法来治理国家，那么，即使让尧来治理，也未必能把国家治理得好。奚仲尽管是能工巧匠，但是如果不给他圆规和直尺，就让他造车轮子，造出来的车轮也未必能那么周正。王尔尽管也是能工巧匠，但是如果不给他尺寸，即使让王尔来猜长短，最多也只能猜对一半。与儒家把国家治理得好坏完全寄托在君主身上、希冀出现尧、舜、禹这样的圣王不同，韩非子认为不需要对君主的个人素质提出如此高的要求，治国理政只需要一个"中主"即中等水平的君主即可，让中等水平的君主"守法术"即严格按照规章制度去办事，就相当于"拙匠守规矩尺寸"，即工匠虽然笨一些，但是他如果能严格按照尺寸去加工，也不容易出差错。这就是法的作用。

韩非子把法的作用推到了极致，他说："明主之国，无书

---

① 《韩非子·用人》。

简之文，以法为教；无先王之语，以吏为师。"①即真正圣明的君主治理国家，不需要礼乐诗书，只需要法律，然后由懂法的官员把百姓都教会就可以了。

其二，势。

关于"势"，韩非子讲："势者，胜众之资也。"②"势"即自身相对于众人的优势所在。关于"势"的重要性，韩非子举了如下一些例子：

> 夫有材而无势，虽贤不能制不肖。故立尺材于高山之上，则临千仞之溪，材非长也，位高也。桀为天子，能制天下，非贤也，势重也；尧为匹夫，不能正三家，非不肖也，位卑也。千钧得船则浮，锱铢失船则沉，非千钧轻锱铢重也，有势之与无势也。故短之临高也以位，不肖之制贤也以势。③

韩非子认为：有才华，但是没有地位，即使再有才华，也没办法让没本事的人服从管理；一棵尺寸长的小树，虽本身不高，但是因为站在了高山之上，也能获得"临千仞之溪"的视野和胸怀，靠的就是站对了位置；夏桀是古代有名的暴君，他能当

---

① 《韩非子·五蠹》。
② 《韩非子·八经》。
③ 《韩非子·功名》。

天子不是因为才华高、品德好，而是因为他生在帝王之家，生来就有成为天子的机会；反之，尧在成为天子之前，连很小范围内的人也不听他的命令，不是因为他品德和才华不够，而是因为他还没有取得天子的位置；"千钧"的货物，因为有船在下面托着它，就能漂浮在水面上；"锱铢"即一个小铁球，如果没有船托着它，扔到水里去，很快就会沉底。这不是因为小铁球比千钧的货物还要重，而是因为是否有船托着的它的缘故。于是，韩非子得出了结论："短之临高也以位，不肖之制贤也以势"，短的能够爬到高的上面去，没本事的能够管那有本事的，就是靠"势"。

　　既然"势"如此重要，那么，韩非子要做的工作便是致力于帮助君主加强"势"。而君主相对于百姓和大臣，其优势便在于掌握着权力，而权力又主要通过赏、罚的形式体现出来，因此，韩非子认为，君主要想加强自身的"势"，便要用好"赏"和"罚"两种手段。韩非子称"赏"和"罚"为"君之二柄"，即谓：

　　　　明主之所导制其臣者，二柄而已矣。二柄者，刑、德也。何谓刑德？曰：杀戮之谓刑，庆赏之谓德。[1]

　　韩非子认为，赏、罚大权对君主来说，就犹如爪牙对老

———————

[1]《韩非子·二柄》。

虎一样重要。君主应该牢牢地掌握住赏、罚大权，不能使之旁落，否则就会被大臣反制。即谓：

> 夫虎之所以能服狗者，爪牙也，使虎释其爪牙而使狗用之，则虎反服于狗矣。人主者，以刑德制臣者也，今君人者释其刑德而使臣用之，则君反制于臣矣。[①]

在运用赏、罚的过程中，韩非子认为有三点需要注意：

首先，赏罚要严明。该赏的一定要赏，该罚的一定要罚。如果该赏的不赏，该罚的不罚，政策便会失去公信力。韩非子讲：

> 明君无偷赏，无赦罚。赏偷，则功臣惰其业；赦罚，则奸臣易为非。是故诚有功，则虽疏贱必赏；诚有过，则虽近爱必诛。疏贱必赏，近爱必诛，则疏贱者不怠，而近爱者不骄也。[②]

在韩非子看来，君主不应随便奖赏，也不应随意赦免刑罚。随便奖赏会让有功之臣失去动力，随意赦免刑罚便会让奸诈之人敢于胡作非为。如果应该奖赏，即使和君主关系疏远也要奖

---

① 《韩非子·二柄》。
② 《韩非子·主道》。

赏；如果应该惩罚，即使和君主关系亲近也要惩罚。赏罚严明，才能让"为人臣者畏诛罚而利庆赏，故人主自用其刑德，则群臣畏其威而归其利矣。"[①]

其次，赏罚的力度要够，应重赏、重罚。韩非子讲：

> 赏厚，则所欲之得也疾；罚重，则所恶之禁也急。[②]

即在韩非子看来，赏得越丰厚，则所希望的就会越快到来；罚得越重，则所讨厌的就会越快地离去。

最后，赏罚的范围要适当，要立可为之赏，设可避之罚。即谓：

> 明主立可为之赏，设可避之罚。故贤者劝赏而不见子胥之祸，不肖者少罪而不见伛剖背，盲者处平而不遇深溪，愚者守静而不陷险危。如此，则上下之恩结矣。[③]

"可为之赏"指的是让老百姓和大臣通过努力即可获得的奖赏；"可避之罚"指的是可以通过遵纪守法、小心谨慎即可以避免的惩罚。如果能"立可为之赏，设可避之罚"，那么在韩非子看来，政令就能畅通了。

---

① 《韩非子·五蠹》。
② 《韩非子·六反》。
③ 《韩非子·用人》。

其三，术。

"术"在法家思想体系中指的是君主驾驭大臣的方法。在《韩非子》这部书中，有四种"术"较有代表性。

第一种，君主应深藏不露。韩非子讲："道在不可见，用在不可知。"[①]意思是君主应隐藏自己的喜好，如果将自己的喜好暴露给大臣，大臣便会曲意逢迎君主。韩非子举例说：

> 越王好勇而民多轻死；楚灵王好细腰而国中多饿人；齐桓公妒而好内，故竖刁自宫以治内；桓公好味，易牙蒸其子首而进之；燕子哙好贤，故子之明不受国。故君见恶，则群臣匿端；君见好，则群臣诬能。人主欲见，则群臣之情态得其资矣。[②]

韩非子借越王、楚灵王、齐桓公、燕王的例子，来说明大臣的故意迎合会使得君主无法看清大臣的本来面目，从而容易受到蒙蔽。为了避免出现这种状况，君主须注意不要轻易表露自己的好恶，即谓：

> 君无见其所欲，君见其所欲，臣自将雕琢；君无见

---

① 《韩非子·主道》。
② 《韩非子·二柄》。

其意，君见其意，臣将自表异。故曰：去好去恶，臣乃见素；去旧去智，臣乃自备。[1]

第二种，君主要"审核形名"。所谓"审核形名"，韩非子讲："循名实而定是非，因参验而审言辞。"[2]"审核形名"主要包含两方面的含义：

一方面，"审核形名"指的是君主应考察大臣所做之事是否与其官职相匹配，大臣不能越权，也不能渎职，越权和渎职都要受到惩罚。韩非子举了一个例子：

> 昔者韩昭侯醉而寝，典冠者见君之寒也，故加衣于君之上，觉寝而说，问左右曰："谁加衣者？"左右对曰："典冠。"君因兼罪典衣与典冠。其罪典衣，以为失其事也；其罪典冠，以为越其职也。非不恶寒也，以为侵官之害甚于寒。[3]

在这个例子中，给韩昭侯盖衣服的官员之所以反倒被处罪，便是因为他作为管帽子的官员却越权管了衣服，没有做到形名一致。在韩非子看来，"明主之畜臣，臣不得越官而有功，不得陈言而不当。越官则死，不当则罪。守业其官，所言者贞也，

---

[1]《韩非子·主道》。
[2]《韩非子·奸劫弑臣》。
[3]《韩非子·二柄》。

则群臣不得朋党相为矣。"①

　　另一方面，"审核形名"指的是君主应对大臣的言论与行为是否一致进行考察，一致则赏，不一致则罚，即谓：

　　　　为人臣者陈而言，君以其言授之事，专以其事责其功。功当其事，事当其言，则赏；功不当其事，事不当其言，则罚。②

　　第三种，君主应充分发挥大臣的作用，"使鸡司夜，令狸执鼠，皆用其能，上乃无事"③。韩非子认为君主无须在智慧和能力上超越大臣，君主只须充分发挥大臣的智慧与能力，让其为自己所用就足够了。即谓：

　　　　明君之道，使智者尽其虑，而君因以断事，故君不穷于智；贤者勑其材，君因而任之，故君不穷于能；有功则君有其贤，有过则臣任其罪，故君不穷于名。是故不贤而为贤者师，不智而为智者正。臣有其劳，君有其成功，此之谓贤主之经也。④

---

① 《韩非子·二柄》。
② 《韩非子·二柄》。
③ 《韩非子·扬权》。
④ 《韩非子·主道》。

第四种，君主应防范大臣。韩非子认为"爱臣太亲，必危其身；人臣太贵，必易主位"①。因而，君主应该提防大臣不能使其势力过大，应该及时制止大臣之间相互勾结，即谓："欲为其国，必伐其聚；不伐其聚，彼将聚众。"②

以上是韩非子思想的核心要点。总体来看，法家倡导"古今异势、因时变法"的理念，不拘泥于古代制度，勇于变法自强，较之儒家"从周"和墨家"用夏"的保守做法有积极意义，为中华传统文化注入了顺势应变的思想因素，对培育中华民族革故鼎新的精神做出了贡献；法家认识到了人性阴暗、复杂的一面，认识到了"德治"的局限和"人治"的弊端，"倡言法治、提倡纲纪"，强调了"法"在治理国家中的作用，有其积极价值。

在百家争鸣时期，法家思想确实受到了统治者的重视，秦穆公任用商鞅变法，使秦国国力大增，从而在战国七雄中脱颖而出，为后来秦国统一中国打下了基础。秦王嬴政极为认同韩非子的观点，据《史记》记载："人或传其书至秦。秦王见《孤愤》《五蠹》之书，曰：'嗟乎，寡人得见此人与之游，死不恨矣！'李斯曰：'此韩非之所著书也。'秦因急攻韩。"③从这段话中得知，为了夺来韩非子这个法家人才，秦王不惜发动了对韩国的战争。在秦国一统天下之后，法家思想也便顺理成章地成

----

① 《韩非子·爱臣》。

② 《韩非子·扬权》。

③ 《史记·老子韩非列传第三》。

为了秦朝的治国思想。可以说，法家学派比百家争鸣时期的任何学派都更早地实现了治国安邦的政治理想。但是，历史并没有沿着法家的思路发展下去，中国古代社会并没有因此而变为法治社会。法家思想未能成为中华传统文化主流的原因，大致可归结为以下五点：

其一，法家思想在实施的过程中，逐渐丧失了其本应具备的公平、正义的内在精神，而日益沦为维护封建统治的纯粹暴力手段。法家在推行法治之初，"刑"与"赏"并重，这对人民有一定的吸引力。但是，随着秦国日益富强，法家思想也发生了变化，"刑"越来越重、越来越繁琐，很多刑罚还是伤害人肉体的严刑酷罚，据《汉书》记载，秦朝时"重以贪暴之吏，刑戮妄加，民愁亡聊，亡逃山林，转为盗贼，赭衣半道，断狱岁以千万数"[①]，而"赏"却越来越少。他们只考虑到了政策短期之内能不能推行下去，却没有考虑长期下去老百姓的身心承受能力，导致怨声载道。而肉刑的滥用，又使许多百姓丧失了劳动能力，最终导致生产力的衰退。

其二，法家彻底否定道德的价值，只任法治，一意孤行。法家只是一味高扬法律去恶的功能，却忽略了道德劝善、教化的作用，具有很大的片面性。例如，商鞅曾说："仁者能仁于人，而不能使人仁；义者能爱于人，而不能使人爱。"[②]韩非子

①《汉书·食货志第四上》。

②《商君书·画策》。

亦曰："夫严家无悍虏，而慈母有败子，吾以此知威势之可以禁暴，而德厚之不足以止乱也。"[1]而实际情况却是：道德以教化为主，训导人们应该做什么，它温和、效果缓慢，但却直指人心，如果一项政策能够让人们从心理上接受、从情感上认同，那么人们便会自觉、自愿地去贯彻、执行该政策；而法律则规定了人们不能做什么，其因为有国家强制力作保障，所以效果快，立竿见影。德治与法治作为两种治理手段，有各自不同的适用范围和效果，二者都可以惩恶扬善，规范社会秩序，完全可以结合起来。而法家显然忽视了"徒善不足以为政，徒法不能以自行"[2]这一点。一味抬高法律的作用，而贬低道德的价值，是有失偏颇的。

其三，在封建高度集权的政体下，法家的"法治"最终难逃"人治"的藩篱。法家的社会理想是"法不阿贵"[3]"刑无等级"[4]，但是，无论是战国时期的诸侯国还是秦朝，国家权力都高度集中在君主手中，君主拥有无上的权威，法律依然在君主的控制之中。在实际落实法律时，君主及其家族仍然享有特权。例如，在商鞅所处的时代，太子犯法后也只能"刑其傅""黥其师"，而不能直接处罚太子，理由是"太子，君嗣

① 《韩非子·显学》。
② 《孟子·离娄上》。
③ 《韩非子·有度》。
④ 《商君书·赏刑》。

也，不可施刑"①。显然，法家依赖君主的权威推行法治，那么法治实行的好坏，则全赖君主是否是明君，这实际上还是一种"人治"。在封建高度集权的政体之下，法家所最反对者却变成了自身的归宿，这一悖论只能使法家"中主守法术，拙匠守规矩尺寸，则万不失矣"②的憧憬归于破灭。

其四，完全依靠政治力量来推行学术主张。这样做确实以最快的速度确立了法家在全国的独尊地位，但是这一胜利违背了学术发展的规律，其地位不是历史选择的结果，而是完全依靠单纯行政强制手段而确立起来，这就把法家的命运与政权的命运紧紧联系到了一起，政权兴盛，学说兴盛；政权衰亡，学说衰弱。秦朝如果能像秦始皇所期待的那样，二世、三世、万万世，法家或许能长期占据主流思想的位置。但是，秦朝二世就亡国了，法家于是便失去了靠山，只能伴随着秦朝的灭亡沉寂了下去。

其五，声名狼藉，招人反感。秦朝以法家立国，以严刑酷法建立社会统治秩序，不顾及国情，不顾及百姓的感受，以致二世而亡，此后一提起法家，人们便往往将其与秦朝暴政联系在一起，这样一来，法家几乎成了暴政的代名词。事实上，法家的命运和墨学的命运是不一样的，墨学是真的衰弱了，墨家思想在两千多年的封建社会中，几乎没有对中国的历史进程产

---

① 《史记·商君列传第八》。

② 《韩非子·用人》。

生实质影响。但是法家却与之不同，中国历朝历代都有法律，历朝历代的治国方略中实际上都包含法家的因素，但是秦朝二世而亡的惨痛教训，导致后世统治者在制定政策时，即使所依据的是法家思想，他们也不敢承认，而总要给自己的政策披上一层儒学面纱，法家始终不能再成为显学。

（三）儒学的优势

著名文化史家柳诒徵先生说："孔子者，中国文化之中心也，无孔子则无中国文化。自孔子以前数千年之文化，赖孔子而传，自孔子以后数千年之文化，赖孔子而开。"[1]儒学上承夏商周三代之精华，下开两千年中国思想之正统，作为中华传统文化的主干，其所倡导的价值理念是古代中国人精神世界的主导。儒家思想之所以能在诸学派中脱颖而出，担当起引领中华传统文化发展的重任，是因为儒学具备了在中华文明土壤中生根、发芽、壮大的最基本的素质，这些素质成就了儒学的地位。这地位不是自封的，而是历史形成的，是自身素质与历史环境相契合的产物，这些基本素质主要体现在如下四个方面：

其一，儒学的价值理念与中国古代的社会状况更匹配。

"理论在一个国家实现的程度，总是取决于理论满足这个

---

[1] 柳诒徵：《中国文化史》，长沙：岳麓书社，2010年，第282页。

国家的需要的程度。"[1]儒学之所以能在两千多年的封建社会中独领风骚，从根本上来说就是因为儒学的价值理念适合古代中国社会的发展需要。

中华文明发源于黄河流域，这里气候湿润、水源充足、土壤肥沃，适宜农业耕作。农业生产具有很强的稳定性和很长的周期性，这就将人固定在土地上，不能像游牧民族和海洋周边的民族那样经常迁徙或出海远航。此外，农耕要求有充足的劳动力，集体劳动要比单个人的成效大得多。以上原因使得中华先民们特别注重自身的繁衍，加上集体劳动和很少迁徙，这样，聚集在一起生产、生活的人们之间就结成了错综复杂的血缘和亲缘关系，有的部落或村庄的成员甚至都同属于一个大家族。这种生产和生活状况使得中国人历来就非常重视伦理关系和血缘亲情，注重人与人之间稳定的秩序。而儒家思想本身便带有浓厚的宗法和伦理色彩，它特别重视群体性，总是将个体价值寓于群体价值之中，强调个人对家庭、社会的责任和义务；它特别注重对人际关系进行规范，要求人们按照各自在社会和家庭中的角色和位置来为人处世，倡导父慈、子孝、兄友、弟恭；并且儒学的核心主张"仁"和"礼"的思想还为构建古代和谐的社会秩序寻到了现实路径，即从血缘亲情这种最朴素、最真实的情感出发，基于同情心和同理心，由亲及疏、

---

① 马克思：《〈黑格尔法哲学批判〉导言》，《马克思恩格斯文集》（第三版）（第一卷），北京：人民出版社，2009，第12页。

由近及远地层层外推，从父母子女之爱扩展到对宗族、国家、社会的责任和义务，形成了一条从父子有亲到君臣有义，从兄弟有敬到朋友有信的类推逻辑链条。儒家的这套理论为处理古代人际关系提供了行之有效的规范，并对此规范进行了充分的理论论证，容易被人们理解和接受。此外，一旦大家族内部发生矛盾，富于人情味的道德原则、教化手段能以一种温和的方式更有效地调节人与人之间的关系，与刑罚相比，这种调节方式更适合血缘、亲缘关系，而道德教化恰恰是儒学的优长。

儒学不仅在伦理思想方面能够切合古代社会的发展需要，而且在政治理论方面，儒学的内容也能够满足封建统治者的需要。儒家一向把君民关系视作父子关系，将"齐家"与"治国"相提并论，例如《大学》曰："君子不出家而成教于国：孝者，所以事君也，弟者，所以事长也。"朱熹对此解释说："孝、弟、慈，所以修身而教于家者也；然而国之所以事君事长使众之道不外乎此。"[1]这样的论证就使得民众对君主的服从显得非常合理。到了汉朝，经过董仲舒对儒学的改造之后，"君为臣纲，父为子纲，夫为妻纲"的"三纲"上升为天经地义的事情，儒家思想也因此受到自汉以来历代统治者的青睐。

总之，儒学的思想理念、价值导向与中国古代的社会现实相匹配，切合古代中国人的心理特点，有利于协调古代社会的人际关系，有利于维护家国同构的封建宗法社会秩序，有利于

---

[1]《四书章句集注·大学章句》。

那个时代物质文明和精神文明的发展。这是儒学能够成为主干的根本原因。

其二，儒学自我更新的能力更强。

儒学是由孔子对夏、商、周三代流传下来的文化遗产进行反思、清理和重释而形成的思想体系，孔子虽"信而好古"，但又不拘泥于"古"，他既重视"因"，又重视根据时代需求进行"损益"。这种治学作风使儒家思想从一开始便表现出很强的批判吸收、继承创新的能力，这种能力成为推动儒学不断发展的力量。

例如，荀子就是一位先秦学术的集大成者，他不仅发展、完善了孔子"礼"的思想，而且以儒家为圭臬，吸收其他学派的思想。对法家，荀子一方面批判法家单纯因任法治的做法，如他批评说："慎子蔽于法而不知贤，申子蔽于势而不知知。"[1]另一方面荀子又吸收了法家思想，纳法于礼，以礼为纲纪，以法来补充礼，丰富了礼的内涵；对道家，荀子吸收了道家的"天道自然"的思想，将儒家的"天"改造成不以人的意志为转移的自然之天，即谓："天行有常，不为尧存，不为桀亡。"[2]同时，他又没有丢弃儒家积极有为的思想特色，荀子还扬弃了道家"静因之道"的思想，提出了"虚壹而静"[3]的认识

---

① 《荀子·解蔽》。

② 《荀子·天论》。

③ 《荀子·解蔽》。

原则；对墨家，荀子也是有批判有继承，如批评墨家"有见于齐，无见于畸"①，指出"有齐而无畸，则政令不施"②，但荀子的"有社稷者而不能爱民、不能利民，而求民之亲爱己，不可得也"③"论德而定次，量能而授官"④等言论，显而易见又与墨家的"兼爱""尚贤"等主张有诸多合拍之处。荀子正是通过这种批判、继承、创新的做法，以儒学方式总结了先秦百家，将儒学推向那个时代的思想高峰。

再例如，汉武帝时期，儒学之所以能够走上独尊地位，在很大程度上得益于董仲舒以儒家思想为核心理念，以阴阳五行为基本框架，兼融道、法、名等家思想对儒学进行的改造。以董仲舒对阴阳家思想的吸收为例，他通过阴阳来解释人间秩序，认为"君臣、父子、夫妇之义，皆取诸阴阳之道。君为阳，臣为阴；父为阳，子为阴；夫为阳，妻为阴"⑤，进而得出"天为君而覆露之，地为臣而持载之。阳为夫而生之，阴为妇而助之；春为父而生之，夏为子而养之；秋为死而棺之，冬为痛而丧之。王道之三纲，可求于天"⑥的结论。这样就在天道与人道之间建立起对应和感应的关系，为人间的尊卑秩序创设

---

① 《荀子·天论》。
② 《荀子·天论》。
③ 《荀子·君道》。
④ 《荀子·君道》。
⑤ 《春秋繁露·基义》。
⑥ 《春秋繁露·基义》。

了依据，如此，赢得了统治者对儒学的青睐。但是另一方面，董仲舒在吸收其他学派的思想为封建等级秩序作论证的同时，也没有放弃儒家"德治"的核心政治立场，他同样以"阴阳"来论证儒家德主刑辅的治国理念，他讲道："天出阳为暖以生之，地出阴为清以成之。不暖不生，不清不成。然而计其多少之分，则暖暑居百而清寒居一，德教之与刑罚犹此也。故圣人多其爱而少其严，厚其德而简其刑，以此配天。"[①]董仲舒就是这样借助"阴阳家"的思想改造了儒学。对于董仲舒的改造，后世尽管褒贬不一，但是有一点是毫无疑问的，那就是这种改造确实有助于将儒学推上官学的地位，从而解决了儒学的政治前途问题。

再例如，佛教和道教经过魏晋南北朝的发展，到隋唐时期达到鼎盛，在思想领域形成儒、释、道三家鼎立的局面。佛、道的兴盛严重威胁到儒家的正统地位，面对危机，儒家再一次选择以"和而不同"的态度来应对，从韩愈到朱熹，经过代代努力，完成了对儒学的反思和调整，形成了儒学的新形式——理学。宋明理学本着"为天地立心，为生民立命，为往圣继绝学，为万世开太平"[②]的奋斗目标，援佛道入儒，吸收佛教与道教的宇宙观、本体论、修养功夫论等，并将之与儒家伦理学相结合，来诠释经典、构建体系，使儒学精致化、系统化、哲

①《春秋繁露·基义》。
②《宋元学案·横渠学案上》。

学化，弥补了儒学形而上层面的不足。周敦颐的《太极图说》、邵雍的《皇极经世》、二程的天理论、朱熹的理一分殊说，都有不少佛教、道教的色彩。经过改造，此后一直到封建社会结束前，儒学的主导地位一直没有动摇过。

《论语》开篇即曰："学而时习之，不亦说乎?"①儒学在保持其学统传承的同时，总是善于以开放宽容的胸怀向其他学派学习，以我为主，融会贯通其他优秀思想，总是善于根据时代发展不断调整，从而丰富自身的内涵。儒学很强的开放性和包容性是它作为文化传统能够流传下来的生命力之所在，正是这一品性确保了儒学能够在中华传统文化中长期居于主导地位。

其三，儒家具备自强不息的精神。

儒家思想在古代中国的独尊地位，并非天生如此，而是经历了一个艰难的发展过程，其间，儒家遭遇过各种非难和围攻，甚至几次险遭灭顶之灾，但是儒学始终没有沉寂，而是屡仆屡起、愈挫愈勇，终于从各家学派中脱颖而出。

儒学在先秦时期虽然被称为"显学"，但也只是诸子百家中的一家，并没有特殊的地位。其创始人孔子带着学生周游列国，四处碰壁，遭受过各种非议和磨难，甚至被囚禁。但是孔子毫不气馁，"知其不可而为之"②。其后继者孟子、荀子也都如

---

① 《论语·学而》。

② 《论语·宪问》。

孔子一样，以毕生的精力来弘扬儒学，孟子与各派人士展开辩论，被称为"辩儒"，荀子为游说诸侯还打破了儒者不入秦的传统，见过秦昭王和应侯范雎。

儒学在春秋战国时期被视为迂腐空洞之物，倍受冷落。在秦朝崇尚法家、实行文化专制的气氛中处境更是艰难。秦朝灭亡、汉朝建立，儒家思潮再度抬头，但是，汉初的统治者一开始并没有意识到儒家思想在治国安邦中的作用。汉高祖刘邦甚至以儒冠为溺器，发出了"为天下安用腐儒"[①]"乃公居马上得之，安事诗书"[②]的言论，对儒学不屑一顾。但是，当时以叔孙通为代表的儒生们并没有自甘沉沦，而是积极寻找理论崛起的机会。这样的机会终于来了，据《汉书》记载，刘邦当上皇帝之后，昔日与他并肩作战的将相们依然与之形同兄弟，君臣上下之间的界限不分明，刘邦对此感到忧虑，这时儒生叔孙通对刘邦说："夫儒者难与进取，可与守成，臣愿征鲁诸生，与臣弟子共起朝仪。"[③]得到许可之后，叔孙通带领儒生们用儒家礼仪对大臣进行训练，果然收到了很好的效果，得到了刘邦的赞赏，使朝廷上下对儒学刮目相看，刘邦昭示天下："贤士大夫有肯从我游者，吾能尊显之"[④]，后又以"大牢祠孔子"[⑤]。汉

---

① 《史记·黥布列传第三十一》。
② 《汉书·郦陆朱刘叔孙传第十三》。
③ 《汉书·郦陆朱刘叔孙传第十三》。
④ 《汉书·高帝纪第一下》。
⑤ 《汉书·高帝纪第一下》。

初另一位为儒学复兴做出重要贡献，值得一提的儒生是陆贾，他曾冒颜犯谏，在高祖面前为儒学据理力争，他说："马上得之，宁可以马上治乎？且汤武逆取而以顺守之，文武并用，长久之术也。昔者吴王夫差、智伯极武而亡；秦任刑法不变，卒灭赵氏。乡使秦以并天下，行仁义，法先圣，陛下安得而有之？"[1]这一番话打动了刘邦，刘邦要求陆贾"试为我著秦所以失天下，吾所以得之者，及古成败之国"[2]，陆贾于是作《新语》十二篇，总结秦亡汉兴的教训，将儒学与黄老学若干理论相结合，对儒学进行融通改造，阐述了儒学的理论价值，"每奏一篇，高帝未尝不称善"[3]。正是有了叔孙通和陆贾这样的儒生不懈努力，才使得儒学的政治魅力崭露头角。到了汉武帝时期，汉朝国力强盛，黄老道家无为而治的方针已不适应形势，社会需要一种更加积极有为的治国思想，儒家终于得到了全面施展的机会。这时的大儒董仲舒进一步改造儒学，以儒家仁义道德为核心，吸收其他学派的思想使之更有利于维护封建统治。在此基础上，董仲舒建议汉武帝：

　　　　诸不在六艺之科孔子之术者，皆绝其道，勿使并进。
　　邪辟之说灭息，然后统纪可一而法度可明，民知所从矣。[4]

---

① 《汉书·郦陆朱刘叔孙传第十三》。
② 《汉书·郦陆朱刘叔孙传第十三》。
③ 《汉书·郦陆朱刘叔孙传第十三》。
④ 《汉书·董仲舒传第二十六》。

这个建议得到汉武帝的采纳，罢黜百家、独尊儒术，儒学终于从先秦以来徘徊于官方政治与民间学术的尴尬境地中解脱出来，一跃而成为官方正统思想。

《象》曰："天行健，君子以自强不息。"[①]孟子云："天将降大任于是人也，必先苦其心志，劳其筋骨，饿其体肤，空乏其身，行拂乱其所为，所以动心忍性，曾益其所不能。"[②]荀子曰："不积跬步，无以至千里；不积小流，无以成江海。骐骥一跃，不能十步；驽马十驾，功在不舍。锲而舍之，朽木不折；锲而不舍，金石可镂。"[③]一代代儒生正是秉承了儒家这种自强不息、动心忍性、锲而不舍的勇气和毅力，怀着深沉的社会责任感和历史使命感，积极进取、奋发有为，才使得儒学一次次从困境中走出，最终走上独尊地位。倘若儒学一遇挫折和打击便偃旗息鼓，那么它早就从历史上销声匿迹了。

其四，儒学的传播方式积极有效。

儒家思想之所以影响巨大，还得益于它选择了一条行之有效的传播路径，其特点主要表现为：一方面收徒讲学，积极在民间拓展，扩大群众基础；另一方面力图寻求与政治的结合，利用政治支持；在儒学获得政治地位之后，再通过政权力量进一步将儒学、教育与选官紧密结合起来。

①《周易·乾卦》。
②《孟子·告子下》。
③《荀子·劝学》。

上述传播方式从先秦儒学的发轫期就已经开始运用了。孔子认为绝大多数人都可以被教化，所以他倡导"有教无类"的教育方针，广收门徒，不拘一格扩大教育对象，孔子一生"学而不厌，诲人不倦"①，开私人讲学的先锋，据《史记》记载，孔子"弟子盖三千焉"②，孔子因此成为我国历史上伟大的教育家，被尊称为"万世师表"。这种"有教无类"广泛收徒讲学的方式，使儒家学说得到了大范围的传播。此外，儒家虽然也痛恨礼坏乐崩的政治混乱局面，但是他们并没有像道家那样选择隐居山林，而是走与政治紧密结合的道路，积极寻求君主对儒学的认同，以期实现儒家治国平天下的宿愿。虽然在春秋战国时期，儒家学说因为不能在乱世中取得立竿见影的效果，而没能受到诸侯王的重视，但是这种游走四方、广泛宣传的手段无疑扩大了儒学在上层的影响，为儒学传播做出了贡献。更为重要的是，这种参与政治、力图影响政治的积极入世的作风遗传下来，一旦遇到合适的土壤，儒家当然能比隐世的道家、出世的道教、佛教更容易发展壮大。自汉武帝开始，汉朝在中央设置儒学五经博士，在长安兴办太学，用儒家经书教育青年子弟。此后，尽管中国又经历了若干次改朝换代，但儒学始终是官方的统治思想。这种政治地位带来的直接后果有两个，一个是儒学正式进入到封建正统教育体制之内；另一个就是儒学成

---

① 《论语·述而》。

② 《史记·孔子世家第十七》。

为封建社会选拔官吏的标准。无论是汉朝实行的"察举制"，还是魏晋时期的"九品中正制"，候选人是否符合儒家伦理道德都是重要的甄选因素，尤其是隋朝开始实行的"科举制"，更是直接以儒家经典作为命题、答题的标准。这样一来，从隋炀帝大业元年（公元605年），到清朝光绪三十一年（1905年）的1300年间，通过科举制脱颖而出的朝廷各级官吏都是熟读儒家经典、深受儒学浸染的人。而且，因为科举制为下层百姓提供了走上仕途的途径，所以极大地调动了全民学习儒学的热情，社会上也普遍对精通儒家思想的人予以尊重，甚至有了"万般皆下品，唯有读书高"的说法，这里的"读书"在古代中国主要指的就是儒家经典。科举考试倡导下的社会风气使儒家思想在全社会得到极大普及，耳濡目染，儒家立身行事的标准便潜移默化地成为古代中国人尤其是古代中国知识分子为人处世的标尺。政治选择了儒学，儒学又通过政权力量扩大了影响。儒学这种上层路线与下层路线相结合的传播方式，为推动儒学成为正统思想发挥了促进作用。

总之，儒学既具备适应中国古代社会发展的思想内容，又能以开放的心态、批判吸收其他学派的思想，实现自我更新；既有自强不息、不畏挫折的奋斗精神，又能采取行之有效的传播方式。这些素质为儒学成为中华传统文化的主流，成为中国人精神世界的主导奠立了基础。

二、儒释道互补

（一）道家的特点

道家思想以柔顺、无为、自然、退守、潜隐为主要特色，追寻的是自由、清静、返璞归真、少私寡欲、逍遥放达的精神境界，奉"慈"、"俭"、"不敢为天下先"为处世的基本原则，视小国寡民的原始社会为理想的社会状态。道家思想弥漫着旷达、自由、生动、浪漫的气息。

在百家争鸣时期，道家以老子和庄子为代表。老、庄对现有的伦理、政治秩序悲观失望，对人为干涉持批判、鄙薄的态度，尤其是庄子，他基本上采取的是与政治不合作的态度。据《史记》记载：

> 楚威王闻庄周贤，使使厚币迎之，许以为相。庄周笑谓楚使者曰："千金，重利；卿相，尊位也。子独不见郊祭之牺牛乎？养食之数岁，衣以文绣，以入大庙。当是之时，虽欲为孤豚，岂可得乎？子亟去，无污我。我宁游

戏污渎之中自快，无为有国者所羁，终身不仕，以快吾志焉。"①

当楚威王派人请庄子去做官的时候，庄子表明了立场：千金、卿相虽然是十分优厚的待遇，但是获得这些待遇却需要以牺牲自己的自由、生命为代价，庄子不屑为之，他要追寻的是自由，因此拒绝了楚威王的邀请。这个故事形象地反映了道家的精神气质。

到了秦汉之际，道家思想开始发生变化，这时候黄老道家兴起。黄老道家是在老庄道家的基础上，通过兼容百家，博采众长而在战国中后期发展起来的道家新学派，它改变了老庄道家不关心政治的做法，开始用道家思想为统治阶层提供治国方略，力图影响政治、参与政治。黄老道家在汉初曾显赫一时，被奉为治国的指导思想，文帝、景帝、窦太后等汉初统治者都很偏爱黄老道学。到了汉武帝时期，因为汉武帝要"独尊儒术"，道家思想丧失主导地位。到了东汉末年，道家思想分化，一个方向继续走学术的道路，用道家思想注释儒家经典，力图摆脱名教束缚，形成了我国历史上一个新的学术形态——魏晋玄学，带动、影响了当时"士"阶层的很多人；另一个方向走入民间，形成了我国唯一的土生土长的宗教——道教，在民间释放着能量。经过魏晋南北朝时期的持续发展，到了唐

---

① 《史记·老子韩非列传第三》。

朝，道家、道教思想迎来了新的发展机遇，这个新机遇便是获得了来自皇权的支持。因为唐朝皇帝姓李，而道家的创始人老子据说也姓李，唐朝皇帝为了给自己的政权寻到更多的合法性，就自称是老子的后裔，封老子为"太上玄元皇帝"，并下令贡举人士必须兼通《道德经》；唐玄宗还亲自注释《道德经》，诏令百姓必须家藏一本，以推广道家思想；唐武宗还将二月二十五日老子诞辰日定为"降圣节"。到了宋朝，由于儒学获得了重大进展，儒学的新形式——理学占据了上风，加之此后清朝统治者采取重佛抑道的政策，道家在政权中被日益边缘化。

纵观道家的发展历程，虽只是偶露峥嵘，但其影响始终没有泯灭，在中华传统文化这个大系统中，道家的地位和作用是不容忽视的。道家思想之所以能够历经考验，在中华传统文化格局中占有一席之地，得益于其思想上的独到之处。

其一，道家的人生哲学能为处于困境中的人们提供精神上的解脱之路。

道家学说影响最大、最具有特色的思想体现在人生哲学方面。面对诸侯混战、离乱痛苦的残酷现实，道家没有像儒家、墨家、法家那样采取积极有为的方法去整顿社会秩序，而是另辟蹊径，深入人心，帮助人们转换看待世界的视角，为痛苦中的人们寻求到了一条精神上的解脱之路。接下来，本节将以生活中经常困扰人的一系列矛盾为例，来揭示道家精神解脱之道的特点。

※　例如，有与无。

人们大都希望自己拥有的越多越好，人常常会因为自己无法拥有一些东西而感到很痛苦。但是，在《老子》看来，"有"和"无"相比，"无"才是根本。《老子》论证说：

> 三十辐共一毂，当其无，有车之用。埏埴以为器，当其无，有器之用。凿户牖以为室，当其无，有室之用。故有之以为利，无之以为用。①

三十根辐条插到车轮中间虚空的毂中，正是因为毂中间是虚无状态，所以这些辐条才能插进来，车轮才能因此转动起来，可见，车子的功能恰恰是"虚无"赋予它的，这就叫"当其无，有车之用"；和陶土做器皿，正因为器皿中间是虚空状态，才能用来装东西，器皿的功能恰恰是"虚无"赋予它的，这就叫"当其无，有器之用"；建造房子、安上门窗，房子之所以是房子，就在于中间是虚空状态才能容纳人和物，房子的功能也恰恰是"虚无"赋予它的，这就叫"当其无，有室之用"。从这三个例子中，《老子》得出了结论："有之以为利，无之以为用"，即在日常生活中，人们所感受到那些"有"带来的功能和便利，背后支撑它们的恰恰是"无"，所以，《老子》得出结

---

① 《老子》第十一章。

论："有生于无。"①

※　例如，柔弱与刚强。

人们大都希望自己越强大越好，不希望自己弱小。但是，在《老子》看来，"柔弱"却比"强大"更具优势。《老子》以水作例证：

　　　天下莫柔弱于水，而攻坚强者莫之能胜，以其无以易之。②

在古人的视野中，水是世上最柔弱的东西，石头是世上最坚硬的东西，但是水持续不断地滴下去，水滴也能石穿，正所谓："天下之至柔，驰骋天下之至坚。"③

《老子》又以人和草木的生命作例证：

　　　人之生也柔弱，其死也坚强。草木之生也柔脆，其死也枯槁。④

《老子》指出，人在活着的时候，身体是柔软的，年龄越小，

①《老子》第四十章。
②《老子》第七十八章。
③《老子》第四十三章。
④《老子》第七十六章。

身体越柔软；反之，年龄越大，身体越硬，死亡的时候就变成了僵硬。草木也是如此，在充满生机的时候是柔软的，春天的草木最柔软；反之，当它变得越来越硬以至于枯槁的时候，就是丧失生机的时候。于是，《老子》得出结论："故坚强者死之徒，柔弱者生之徒。是以兵强则灭，木强则折。强大处下，柔弱处上。"①

《老子》通过上述例子颠覆了人们的一般认知，破除了人对"强"的执念，在《老子》看来，如果能把柔弱的优势充分发挥出来，完全可以守柔贵雌，而不需要争强好胜，"柔弱胜刚强"②。

※　**例如，祸与福。**

在《老子》看来，任何状态有其对立面，正所谓：

> 天下皆知美之为美，斯恶已；皆知善之为善，斯不善已。有无相生，难易相成，长短相形，高下相盈，音声相和，前后相随，恒也。③

《老子》认为，不仅任何状态都有其对立面，而且对立面

---

① 《老子》第七十六章。
② 《老子》第三十六章。
③ 《老子》第二章。

会互相转化，这是"道"运行的规律，即"反者道之动"①。任何事物的运行都要遵循这一规律，"祸"、"福"也是如此。即谓：

> 祸兮，福之所倚；福兮，祸之所伏。孰知其极？其无正也。②

既然如此，当人们在生活中遭遇祸事时，就没有必要灰心失望，而应该拿出足够的耐心去静待生命中由祸转福的契机；同样，当人们得到福气时，亦应该保持冷静而不应过于沾沾自喜。

※ **例如，名利与身体。**

当人们在社会上为名为利奔波劳碌时，《老子》提醒人们：

> 名与身孰亲？身与货孰多？得与亡孰病？甚爱必大费；多藏必厚亡。故知足不辱，知止不殆，可以长久。③

在这段话中，《老子》对名、利的价值进行了反思追问：名声与自己的身体相比，哪一个对人来说更亲近呢？物质财富与身

---

① 《老子》第四十章。
② 《老子》第五十八章。
③ 《老子》第四十四章。

体相比，哪一个对人来说更重要呢？得到名和利，与失去自己的身体健康和自由相比，哪一个危害更大呢？《老子》认为，如果一个人特别爱名、爱利，必然就会为了名、利付出特别多的心血；物质财富累积得越多，一旦遭遇意外，损失也就越惨重。所以，《老子》告诫人们：面对名利的诱惑，人应该知足、知止。知道满足才不会给自己带来羞辱；知道在合适的时候停下来，懂得适可而止，才不会让自己陷入危险中，这才是人生长长久久的道理。

※　例如，是与非。

在生活中，很多人会因为别人做了不如己意的事而感到心里不痛快，庄子认为遇到这种情况，人应该打磨自己的心，把心打磨得像镜子一样，镜子从不会因为照镜子的事物如何而留下一些什么。即谓："至人之用心若镜，不将不迎，应而不藏，故能胜物而不伤。"[①]庄子建议人"用心若镜"，其实就是在提醒大家，碰到不开心的事情时别往心里去。当不往心里去的时候，就能够"胜物而不伤"，就不会被它伤害了。事实上，在庄子看来，人与人之间这些是是非非，根本就没有计较的价值，其无非是不同的人基于各自的立场所生发出来的结论，它不具备客观性，不值得去计较。让我们来看看庄子是如何来论证这一观点的：

---

① 《庄子·应帝王》。

民湿寝则腰疾偏死，鳅然乎哉？木处则惴栗恂惧，
猿猴然乎哉？三者孰知正处？民食刍豢，麋鹿食荐，蝍蛆
甘带，鸱鸦耆鼠，四者孰知正味？猿猵狙以为雌，麋与鹿
交，鳅与鱼游。毛嫱丽姬，人之所美也；鱼见之深入，鸟
见之高飞，麋鹿见之决骤，四者孰知天下之正色哉？自
我观之，仁义之端，是非之涂，樊然淆乱，吾恶能知其
辩！①

在这段话中，庄子发出了一系列追问：人如果睡在潮湿的地
方，就会腰疼，严重的时候还会偏瘫，所以人往往会觉得潮湿
的地方不好，但是，难道泥鳅也会觉得潮湿的地方不好吗？人
如果站在树的高处，就会感到害怕，进而就会觉得站在树的高
处不好，但是，猴子难道也会觉得站在树杈上不好吗？人、泥
鳅、猴子究竟谁认为的好地方才是真正的好地方呢？人吃家里
饲养的牲畜的肉，鹿吃草，蜈蚣吃小蛇，猫头鹰和乌鸦吃老
鼠，究竟谁认为的好吃的才是真正的好吃的呢？毛嫱、丽姬，
是大家公认的美女，但是鱼、鸟、鹿见了这些美人之后却都吓
跑了，可见，在它们心目中，这些美人都不美，那么，究竟谁
认为的美才是真正的美呢？庄子认为，人与人之间的是是非非
也是这个样子，其无非就是不同的人基于各自的立场所生发出
来的结论，其不具备客观性，不值得去计较。在庄子看来，不

---

① 《庄子·齐物论》。

仅不应该计较这些人与人之间的是是非非，而且最好是完全
忘掉，即谓："忘足，履之适也；忘要，带之适也；知忘是非，
心之适也；不内变，不外从，事会之适也。"①

按照庄子的上述论证，是非之间根本就没有定准，又何必
去计较呢？人生的很多痛苦往往就来自于执着，人们总是以此
为是、以彼为非，总是认为自己就该这样、不该那样，别人就
应该这么对"我"、不应该那么对"我"。但是，在庄子看来，
应该与不应该的界限本来就是不清楚的，如果人能够放下人生
中的一些执着，实际上也就放掉了人生中的很多痛苦。

　※　**例如，生与死**。

衰老和死亡是人生无法回避的问题，亦是让人感到深深
忧虑和恐惧的问题。对此，庄子认为"人生天地之间，若白
驹之过郤，忽然而已"②，人生本来就很短暂，"生之来不能却，
其去不能止"③，该出生的时候，无法拒绝；到死神要降临的时
候，也无法去阻止。既然生和死都是由不得自身做主的事情，
那么，为此而焦虑、恐惧就没有必要了，而应该洒脱一些。况
且，在庄子看来，人的生死也无非是气的聚散，庄子说："人
之生，气之聚也。聚则为生，散则为死。"④气的聚也好，散也

①《庄子·达生》。
②《庄子·知北游》。
③《庄子·达生》。
④《庄子·知北游》。

罢，不还是那一团气吗？正是在这个意义上，庄子讲，"万物一府，死生同状"①"生而不说，死而不祸"②。即在庄子看来，生死是一回事，活着无须更惊喜，死神降临时，也无须视其为巨大的灾难。甚至在某种程度上，庄子认为死亡还是一种解脱。他曾借与骷髅的对话，表明了这个观点：

　　庄子之楚，见空髑髅，髐然有形。撽以马捶，因而问之，曰："夫子贪生失理而为此乎？将子有亡国之事、斧钺之诛而为此乎？将子有不善之行，愧遗父母妻子之丑而为此乎？将子有冻馁之患而为此乎？将子之春秋故及此乎？"于是语卒，援髑髅，枕而卧。夜半，髑髅见梦曰："子之谈者似辩士，视子所言，皆生人之累也，死则无此矣。子欲闻死之说乎？"庄子曰："然。"髑髅曰："死，无君于上，无臣于下，亦无四时之事，从然以天地为春秋，虽南面王乐，不能过也。"庄子不信，曰："吾使司命复生子形，为子骨肉肌肤，反子父母、妻子、闾里、知识，子欲之乎？"髑髅深矉蹙颎曰："吾安能弃南面王乐而复为人间之劳乎！"③

庄子在楚国遇到了一具骷髅，他询问了骷髅死亡的原因，庄子

① 《庄子·天地》。
② 《庄子·秋水》。
③ 《庄子·至乐》。

所列举的种种原因都是世俗中困扰人的事情，对此，骷髅表示因为死后感到很快乐，所以早就忘记俗世中的事情了。他告诉庄子，人死了之后，再也不用为社会等级地位的差别感到苦恼了，再也不用为世俗的琐事感到烦心了，这种快乐"从然以天地为春秋，虽南面王乐，不能过也"，即使当一个君主，也不过如此了。庄子不信，以可以复活来引诱骷髅，但骷髅不为所动，坚决不想再返回尘世中。

　　庄子借骷髅所表达的上述见解，并不是鼓励大家去死，而是因为尘世中的人，绝大多数都贪生怕死，庄子要用这样的说辞来帮助人们缓解生存的焦虑和对死亡的恐惧。事实上，刻意求生、刻意求死，都不符合道家的理念，道家的理念是："人法地，地法天，天法道，道法自然。"①"道法自然"的"自然"之意，在道家思想体系中，主要指的并非是自然界，而是一种状态，一种自然而然的状态。人有生就有死，这就是再自然不过的状态了。庄子基于对生死问题的豁达认识，在自己老婆死了的时候，他做出了"鼓盆而歌"的举动，庄子的朋友看到了，感到不理解也很气愤，便质问庄子："与人居，长子、老、身死，不哭，亦足矣，又鼓盆而歌，不亦甚乎！"②对此，庄子这样来解释自己的行为：

①《老子》第二十五章。
②《庄子·至乐》。

　　庄子曰："不然。是其始死也，我独何能无概然！察其始而本无生；非徒无生也，而本无形；非徒无形也，而本无气。杂乎芒芴之间，变而有气，气变而有形，形变而有生。今又变而之死。是相与为春秋冬夏四时行也。人且偃然寝于巨室，而我噭噭然随而哭之，自以为不通乎命，故止也。"[①]

庄子的意思是，老婆刚死的时候，他心里也难过，但是庄子想到的是：老婆本来也没有生命，但是后来因为气的聚散离合，机缘巧合之下就获得了生命，现在死亡了，就相当于回到了出生之前的状态，这样一种从无到有又到无的过程，在庄子看来，就像春夏秋冬四季更迭一样，是一件很自然的事情。她已经在天地构造的大房子之中睡着了，如果这时候自己抓着她不放而嚎哭，那说明自己还没有了悟生命的真谛。庄子认为既然自己已经了悟生命的真谛了，就没必要再哭了。不仅不哭，还不如像送一位老朋友那样，唱首歌送送她吧。

　　到庄子自己快死的时候，学生对庄子表示要厚葬庄子，庄子一听"厚葬"两个字，很是不以为然。庄子说：

　　"吾以天地为棺椁，以日月为连璧，星辰为珠玑，万物为赍送。吾葬具岂不备邪？何以加此！"弟子曰："吾恐

---

①《庄子·至乐》。

乌鸢之食夫子也。"庄子曰："在上为乌鸢食，在下为蝼蚁
食，夺彼与此，何其偏也。"①

在上述这段话中，面对自己的死亡，庄子表达了他的豁达态
度，庄子说："我用天地作为棺木，用太阳、月亮作为陪葬的
美玉，用星辰作为陪葬的珠宝，大自然中的一切都是我的陪葬
品，我的陪葬品还不够丰富吗？你们还想给我添点什么呀？"
当学生说担心把老师丢在野外被鸟吃掉时，庄子却回答："你
们担心鸟吃我，就把我厚葬，但厚葬到泥土中，难道就不担心
蚂蚁吃我吗？被天上的鸟吃掉和被土里的蚂蚁吃掉，有什么区
别呢？你们非得让蚂蚁吃我，而不让鸟吃我，怎么这么偏心
呢？"庄子能够以如此轻松的口气去调侃自己的死亡，说明庄
子是真的看开了、放下了。

俗话说"人生不如意事常八九"，面对人生的不如意，道
家的应对方式并非实际地去改变不如意的事情本身，而是另辟
蹊径，致力于改变人们的思维方式，帮助人们转变看待问题的
视角，通过"转念一想"，为处于困境中的人们提供了一条精
神解脱、心灵安抚的途径。这种途径有助于人们在面对现实的
利害冲突时，看得开、放得下，有助于提高人们应对挫折与迫
害的能力。

---

① 《庄子·列御寇》。

其二，道家"无为而治"、"与民休息"的政治哲学有利于帮助新兴的封建王朝恢复秩序、安定民心、积蓄国力，走出建国初期的困顿局面。

道家思想不仅在人生哲学方面有安抚人心的作用，在政治哲学方面亦有其特殊的适应性，有助于医治战争创伤。道家在治国理政方面的核心理念是"无为而治"。"无为而治"并非什么都不做，作为一种治国方略，其要求统治阶层不要任意妄为，不要胡乱作为，而要顺着老百姓的心意去作为。体现在政策上，主要表现为避免礼法滋彰，轻徭薄赋，与民休息。同时，"无为而治"还要求君主掌握好驾驭臣下的方法，充分调动臣下的积极性，而不要凡事都亲力亲为；总之就是要顺应自然，减少干涉，让众人都能各得其所、各安其位。这种治国理政的方略，特别适合新兴王朝，因为新兴王朝往往经过长期的战乱才建立起来，生产力往往遭遇了比较严重的破坏，亟需休养生息。以汉朝初年为例，当时人口稀少、土地荒芜、百姓无余财、将相乘牛车，到处是荒凉凋敝的景象，汉初几代皇帝便采取黄老道家"无为而治"的方针，节省开支、减轻赋税、奖励农耕、约法省禁、与民休息，使汉初国力得到恢复和发展，出现了"文景之治"的繁荣景象。除汉初以外，唐朝初年、宋朝初年也有相似的做法。

其三，道家思想潜隐、柔顺、弹性大，适应性、包容性强。

道家在坚守"道"、"自然"、"无为"等道家核心理念的前提下，根据形势变化不断调整自身以适应社会发展。在自我更新的同时，道家还基于"容乃公"①"百家众技也，皆有所长"②的认识，兼收并蓄，融合其他学派的思想来改造自身，例如道家名著《淮南子》便是在老庄之学的基础上，吸收儒、法、阴阳等各家思想而写成的。再例如道教便在造像、戒规仪式等方面吸收了佛教的思想元素，充实了教义。《老子》说："上善若水"③，道家正像水一样，宁静淡泊、谦虚深沉、柔弱处下，以"不争"、"有容"成就了其长久。即便在儒学一统天下的时期，道家思想也从未泯灭，而是如"水"一般渗透到日常生活中，在无形中影响着中国人的人生态度。潜隐、柔顺、适应性强是道家思想在中华传统文化格局中能够占有一席之地的重要原因。

其四，道家思想可以和儒家思想形成有效互补。

儒道两家的学术观点差异很大，但是儒道之间的矛盾冲突却并不像儒墨、儒法之间那样针锋相对，非此即彼。一方面，儒、道之间存在一些共性，例如两家都重视人际和谐、反对战

---

① 《老子》第十六章。
② 《庄子·天下》。
③ 《老子》第八章。

乱纷争，都注重精神生活的充实提高，在政治上都重视民心向背，都具备开放宽容的胸怀等。另一方面，儒、道两家在思维旨趣和价值取向上也可以形成互补，例如，儒、道在人生哲学方面便可以形成有效互补，儒家的人生哲学适合奋斗中的人们，而道家的人生哲学则适合奋斗之后求而不得的人们。再例如，儒、道在政治哲学方面也可以形成互补，儒家的政治哲学适合政权平稳之后的社会秩序的重建，道家的政治哲学则适合新兴王朝医治战争创伤。总之，儒家和道家，一个刚健有为、积极入世，一个柔顺因循、退守潜隐，各有所短，各有所长，这使它们有了互补的可能。儒、道之间既相互排斥、对立，又相互吸收、融合，这是它们关系的主旋律。

　　道家因为具备了以上诸多优势，成为了中华传统文化的重要组成部分。它以柔顺的姿态顽强地渗透到中国人的日常生活中，影响着中国人的思想和性格，道家思想对培养中华民族博大宽容的胸怀、淡泊名利的朴素、以退为进的策略，以及遇险不惊、临危不乱、从容处事的生活态度做出了贡献，"随风潜入夜，润物细无声"，这句古诗可以很好地形容道家的影响。

　　道家思想尽管有上述诸多优势，但是在中华传统文化的总体格局中，道家思想并非作为主干而存在，其原因主要可以归结为如下三个方面：其一，中国古代社会是宗法等级社会，而道家思想从总体上追求的是自由、平等、超脱旷达的精神境界，这种追求不适应中国封建社会注重等级、注重秩序的特点。其二，"无为而治"的治国方略虽然有利于医治战争创伤，有助于新兴王朝恢复秩序、安定民心，但是，如果长期实施，却不利于加强中央集权。以汉朝为例，汉朝初年采取"无为而治"的方略，在内政方面主要表现为施行分封制；在外交方面，面对匈奴的入侵，主要的方式是"和亲"。但是，"和亲"不能解决根本问题，匈奴始终没有停止对汉朝边境的骚扰。内政方面，诸侯王的势力越来越大，几乎威胁到了中央集权。在这种局面之下，汉朝有了变"无为政治"为"有为政治"的内在动力，当国力得到了一定程度的恢复之后，尤其是出现了汉武帝这样一位有才干的皇帝，汉朝便具备了变"无为政治"为"有为政治"的契机。这时，儒学便获得了上位的机会，道家就要退后。其三，道家的人生哲学虽然有转变人思维方式、帮助人走出心灵困境的功能，但是，它是以牺牲人的社会责任和社会使命的方式来追寻心灵自由，过于消极，这样的理念若成为主导思想，则无法成为推动社会进步的动力。以上因素使得道家难以成为中国人精神世界的主导思想，在漫长的中国古代社会中，中华传统文化的主流始终是儒家思想。

（二）佛教的影响

除了我国本土衍生出的各家学派之外，在中华传统文化中还有一个外来成员，那就是佛教。佛教自汉朝从印度传入我国以来，便通过不断改造自身来适应中国社会、迎合中国人的心理，并在与中国本土思想派别的融会交流中，逐渐汇入中华传统文化的洪流，可以说，进入中国之后的佛教，就不再是印度佛教了，而是变成了中国佛教，成为了中华传统文化的一部分。

佛教对我国社会产生了广泛深远的影响：从文学方面来看，佛教给中国文字、文学带来了新的意境、新的素材和遣词方法，丰富了中国的文学宝库，汉语中的许多词汇，比如世界、如实、实际、平等、现行、刹那、清规戒律、相对、绝对、一针见血等都来源于佛教；许多佛教典籍如《法华经》、《楞严经》、《百喻经》等本身便具有很高的文学价值，一直被视为难得的文学佳作；再例如，中国古代的四大名著之一的《西游记》便直接取材于唐玄奘西行取经的故事。从音乐方面来看，为了增强感染力，佛教在做法事的时候经常伴之以佛教音乐，僧人进行"俗讲"时，有时也会演唱佛教歌曲，这些都丰富、促进了中国音乐的发展，例如唐朝的乐曲就吸收了天竺乐、龟兹乐、安国乐、康国乐、骠国乐、林邑乐等许多佛教国家的音乐。从绘画、雕塑、建筑方面来看，佛教也做出了卓越贡献，唐代大画家阎立本、吴道子都以擅画"佛画"闻名于世，宣传佛教的敦煌莫高窟、云冈石窟、龙门石窟中的雕塑、壁画等已成为中华民族的艺术宝藏，目前我国保存最多的古建筑就是佛教寺塔，这些寺塔如今大多成为当地风景名胜的标志性建筑。从天文学方面来看，制定了《大衍历》，测定子午线长度的就是一位叫"一行"的唐朝和尚。从医学方面来看，佛教典籍中记载了不少药方，许多寺院、僧人怀着普度众生的目的行医施药、治病救人，有的还设专科，如浙江萧山竹林寺的女科就曾门庭若市，唐代名僧鉴真也是一位名医，相传著有《鉴真上人秘方》等医药著作。在民俗方面，佛教对中国的影响也很大，例如，寺院在农历十二月初八佛祖释迦牟尼的成道日供应腊八粥，这一习惯流布到民间，于是民间也有了腊八这天喝粥的习俗；再如，佛教认为灯火能显现佛的光明、破除人世间的阴暗、化解众生的烦恼，因此在正月十五佛祖变神、降妖除魔的日子，佛教界要举行燃灯法会来纪念，中国民间受此影响，从唐代起也有了元宵节张灯的风俗，此外，中国农历七月十五中元节也与佛教超度先灵的盂兰盆会有一定渊源。从思想理论方面来看，佛学促使中国哲学提出了新命题和新方法，例如，宋明理学关于天理、天地之性、气质之性的理论，以及主静、主敬的修身方法，就直接受到了华严宗、禅宗的影响，儒家思想正是在同道教、佛教的相互竞争、相互吸收中逐渐成熟起来的。晚清时期，佛教的慈悲、平等、无常、无我的思想以及净化自己身心、利于社会人群的"人间佛教"精神还曾成为一些民主思想启蒙者，如谭嗣同、康有为、梁启超、章太炎等人的思想武器，谭嗣同的《仁学》开卷即言"凡为仁学者，于佛书当通《华严》及心宗、相宗之书"①，以为"仁为天地万物之源，故唯心，故唯识"②。康有为的《大同书》则受到佛教众生平等

---

① 谭嗣同：《仁学》。

② 谭嗣同：《仁学》。

和无我思想的影响，立志打破社会各阶级的界限，建立大同世界。甚至我国早期的马克思主义活动家瞿秋白同志也曾说过："菩萨行的人生观、无常的社会观渐渐指导我一光明的路。"①总之，佛教的传播和深入发展，丰富了中华传统文化的内涵，成为了中华传统文化的有益补充。

佛教在中华传统文化中的地位虽然不容忽视，但是佛教并没有成为中华传统文化的主流，中国从来都不是一个全国范围的政教合一的国家，中华民族从来都没有陷入过全民族的宗教狂热中。在中国，宗教始终从属于政治、从属于哲学。佛教没有成为中华传统文化主导思想的原因主要有三点：

其一，佛教传入之时，中华文明已经发展了接近三千年，中华传统文化的核心元素已经形成，并且达到了比较成熟、完备的程度，已经具备了对外来文化吸收、同化的能力。中国人在中华文明的塑造、熏陶之下，在精神世界牢固地树立了关注现实、关注现世、关注人生的务实、理性的生活态度，这根本不同于佛教关注死后、关注来生的务虚、玄想的态度；此外，中华文明发展的充分性，使得中国人在精神世界中树立了根深蒂固的夷夏之防、以夏变夷的思想，这一思想倾向使得中华民族对一切来自华夏文明之外的文化类型都持一种宽容但同时又非常审慎的态度，允许其存在，但又力图以华夏文明来影响外来文明、改造外来文明，对待佛教的态度当然也不例外。在中

---

① 瞿秋白：《饿乡纪程》，西安：太白文艺出版社，1995年，第19页。

国人这种心理优势之下，面对强大的传统力量，佛教必须改变自身形态，寻找与中华文化的共同点才能在中国求得生存和发展。事实证明，佛教也确实是这样做的，佛教在初传入中国时曾向道家、道教靠拢，也讲"清静无为""息心去欲"；佛教还和儒家拉关系，例如，据《大正藏》记载晋代著名佛教徒孙绰曾称："周、孔即佛，佛即周、孔。盖外、内名耳……应世接物，盖亦随时。周、孔救极弊，佛教明其本耳。共为首尾，其致不殊。"①唐代佛学者还把佛的"五戒"和"慈悲"等义等同于儒家的五常，即谓："五戒，始一曰不杀，次二曰不盗，次三曰不邪淫，次四曰不妄言，次五曰不饮酒。夫不杀，仁也；不盗，义也；不邪淫，礼也；不饮酒，智也；不妄言，信也。"②总之，面对中华传统文化的恢宏气魄与博大胸怀，面对中华传统文化强大的凝聚力与趋同性，佛教必须做出上述与儒、道结缘的姿态，这种姿态为佛教赢得了在中国生存和发展的空间，但也从一开始就将佛教置于了附属与补充的位置。

　　其二，中国自古以来就是个宗法色彩浓厚的国家，重视血缘亲情，重视个人对家庭、社会的责任和义务。佛教亦试图适应中华文化的这一特点，例如，中华传统文化崇尚孝道，但是印度佛教却不讲孝，只是联系因果轮回来解释亲子关系，为了更好地进入中国人的精神世界，佛教在传入中国后也大力宣扬

①《大正藏》第五十二卷。
②《镡津文集·卷三·戒孝章第七》。

佛教与孝道的统一，甚至不惜在翻译佛经时添词加句，编造伪经，如《善生经》中便添入了"凡有所为，先白父母""父母所为，恭顺不逆""父母正令不敢违背"等字句。但是，从根本上来说，佛教终究是出世的，出家人视人生为苦海、不姓俗姓、不结婚、不生子，这些人生选择在大多数中国人看来是相当怪异的行为，所以中国人但凡在世俗生活中还有一丝寄托便不会选择出家。可以说，佛教尽管努力向中国宗法社会靠拢，但其根本精神与中国社会重家庭亲情、重社会责任的主流观念始终是冲突的。

其三，佛教在传入中国时，儒家学说经由董仲舒的改造，已经在思想内容上非常适合封建统治，中国的封建帝王都非常清楚，要治理好国家维护自身统治就要好好地利用儒家所创设的忠孝仁爱、伦理纲常的思想，在适应中国封建统治上，佛教远不如儒家完善。以佛教所持有的核心理念——因果报应为例，佛教只承认一种关系，那就是因果关系，这就意味着，在佛教看来，有原因一定有结果，有结果必然有原因。那么，对人生来说，怎样做就算是给自己的人生种下"因"了呢？在佛教看来，一个人每时每刻心中所想的、嘴里所说的、行为上所做的，就是在给自己的人生种"因"，这个"因"一定会结出相应的"果"。不管是谁，都要为自己的行为付出代价，承担果报。这套理念实际上蕴含的是一种平等的思想，所以，佛教讲"众生平等"。而中国古代社会是宗法等级社会，这样的社会容不下佛教的平等。在中国历史上，虽然信仰佛教的人很多，很多皇帝也信佛教，但是，在中国历史发展的进程中，佛教的地位始终没有高于政治。例如，连历史上以信奉佛教著称的南朝梁武帝也是把释迦牟尼、孔子、老子并称"三圣"。在古代中国，佛教只能在不抵触封建统治秩序的前提下开展宗教活动，例如，前秦高僧释道安就曾经说过"今遭凶年，不依国主，则法事难立"①之类的话。

综上所述，佛教与中国古代社会确实存在着一些难以契合的地方，那么佛教为什么还能够在中华传统文化中占有一席之地，还能拥有众多信徒呢？这主要与以下两个因素有关：

其一，佛教的思想内容在一定程度上弥补了中华本土文化的缺憾。以儒学为代表的中国本土思想主要关注人伦道德和社会政治问题，形而上的逻辑建构和哲学思辨不足，对心性问题、生死问题、世界本原问题，缺乏系统而深入的研究。而这些恰恰是佛教的优势，佛教对心性问题有着丰富而深入的理论阐述，而且建构了细致、系统的修养方法。儒学注重现世今生，对死后世界存而不论，而佛教则基于自身的宇宙观，从因缘因果的角度对"生从何来、死往何去"这类困扰人生的问题给出了一套系统说法，满足了民众对这类问题的探求心理，从而弥补了儒学在这方面的不足。

其二，佛教教义可以在一定程度上缓解人生痛苦。人生痛苦究竟来自于哪里呢？生活经验告诉我们：痛苦的来源，除

---

① 《高僧传·卷第五 义解二·释道安一》。

却造成痛苦的事情本身之外，更长久的啃噬我们内心的是来源于对自身境遇的不接纳，"为什么是我，我做错什么了？"这是陷于痛苦境地的人们经常追问的问题，而佛教则以因果观念为人生遭遇提供了一种解释方式：在佛教看来，有"果"必有"因"，这世上不存在无缘无故的事情，一个人今天所经历的一切都只是"果"，展现在人们面前的只是一幅因果景象，其背后都有必然的原因。若有人感觉找不到原因，那充其量也只能说自己找不到这一世的原因，佛教讲的是"三世轮回"，在这生生世世的轮回中，一定有原因蕴藏其中。总之，如果相信佛教，就要相信因果，既然事出有因，就无须再纠结、坦然接受就可以了。接受之后又该怎么办呢？依据佛教的因果轮回的观念，既然有"因"必有"果"，那么，从当下开始，种善因、结善缘，未来还会有一个好的果报等待着人们。可见，佛教以其理念为人的过往提供了安顿，为人的未来指明了出路，这确实有助于缓解人生痛苦。前文提到，道家能够解决人生痛苦，但是道家的解决方式和佛教的解决方式是不一样的，道家的方式是"转念一想"，即通过引领人们去看之前忽视掉的另外一面，让人看得开；而佛教则教会人们接纳，然后重新开始。

　　在中国历史上，儒释道兼修的学者很多，许多学者都能入世为儒、出世为道、为佛，熔儒释道于一炉，张弛相济，进退自如。例如，东汉末年扬雄、王充兼修儒道；南齐张融兼信三教，死时左手执《孝经》《老子》，右手执《小品》《般若经》《法华经》。明朝憨山大师还将儒、道、佛并为治学三要，讲道：

"余尝以三事自勖曰：'不知春秋，不能涉世；不精老庄，不能忘世；不参禅，不能出世。'知此，可与言学矣。"①憨山大师的这段话，可谓很好地形容了中华传统文化儒、释、道互补这一独特的文化景观，儒学、道家、佛教共同调节着中国人的精神世界，塑造了我们的民族精神。

---

① 《道德经解·观老庄影响论》。

第二章

人格修养层面中华优秀传统文化的核心理念（上）

本章所讲的"人格修养"主要指的是从道德层面来修养人格，提升人格的道德境界。重视道德是中华优秀传统文化的重要特色，中华文化重德的传统可谓源远流长，这在中国古代的神话传说中就已经能够看出端倪了。神话是远古时代、蒙昧时期人类精神活动的产物，是人类童年时代心灵历程的写照，是先民把握世界的一种方式。每一个民族的神话都传达了这个民族对于世界最初的认识，它以幼稚的想象的方式浓缩了一个民族关于远古时期的记忆。它从一开始就被打上了民族个性的深刻烙印，蕴含着一个民族主体方面的内在规定性，表达了该民族独特的思维特点、情感方式、价值取向和人生态度。可以说，神话就是一个承载着民族文化基因的伟大宝库，对此，法国著名学者丹纳作过一个生动的比喻，他将神话比作民族精神的"原始底层"，这一原始底层"在最初的祖先身上显露的心情与精神本质，在最后的子孙身上照样出现"①。与希腊神话注重个性、知识性和趣味性不同，中国神话更加侧重伦理性以及教化作用。在希腊神话中，诸神往往性格复杂，很难用一个"善"或"恶"来简单概括。而中国神话传说所讴歌的神人和英雄，虽然所从事的活动各异，但在品质优秀这一点上却差异不大，他们一般具有强烈的社会责任感和使命感，往往以救苦救难、律己甚严的有德者的面目出现，具备聪明智慧、勇敢无

---

① 【法】丹纳著，傅雷译：《艺术哲学》，北京：生活·读书·新知三联书店，2016年，第384页。

畏、务实乐观、公而忘私、勤劳朴实、开拓进取、坚韧不拔、矢志不渝的崇高精神，在道德上无可挑剔，是人们效仿的楷模。后人从女娲补天、精卫填海、愚公移山、弈射九日、钻燧取火、神农尝百草、炎黄二帝、大禹治水等神话传说中获得的主要不是智慧、经验，而是精神力量。可以说，中华优秀传统文化重视道德的价值取向与精神追求，在神话传说中就已经初步展现出来了。

中华优秀传统文化之所以会呈现出重视道德的特色，一方面是因为农耕文明及其所造就的熟人社会为注重道德的价值取向奠定了经济基础和社会基础，另一方面则主要应归功于儒家思想，是儒学关于道德的见解进一步滋养和强化了这种价值取向。

一、人格修养的意义

儒学是一个以道德为旨归的学派，孔子对夏商周三代的礼乐文化进行了整理、重释，把其中所蕴含的道德因素突显出来，建构了儒家学派。儒学的道德体系堪称完备，从个体修养到社会秩序，从普通百姓到帝王将相，可谓无所不包。在儒学的视野中，道德是人与禽兽的根本区别，道德践履水平的高低是君子与小人的分水岭，道德修养是人从事其他一切事业的根基。

（一）道德是人与禽兽的根本区别

在孔子看来，一个人"如有周公之才之美，使骄且吝，其余不足观也已。"①即孔子认为，一个人即使有周公那样美好的才华，但是如果品性不好，那也不值一提了。孟子发出了"人之所以异于禽兽者几希"②的追问，其言外之意表明孟子认为人和禽兽之间的区别并不大，就"几希"即一点点而已，这一点点区别就在于人有没有道德观念。所以孟子讲：

> 君子所以异于人者，以其存心也。君子以仁存心，以礼存心。③

即孟子认为，君子与普通人的区别就在于能否以"仁"和"礼"作为自己价值观念的主导。荀子则更为明确地将仁义道德视为人之高贵性之所在，荀子讲：

> 水火有气而无生，草木有生而无知，禽兽有知而无

① 《论语·泰伯》。
② 《孟子·离娄下》。
③ 《孟子·离娄下》。

义，人有气、有生、有知，亦且有义，故最为天下贵也。①

在荀子看来，水火有气却没有生命，草木有生命却没有知觉，禽兽有知觉却没有道德观念。人是天下最尊贵的存在，人和禽兽相比，其高贵之处就在于人有"义"，即人懂得用道德来约束自己的行为，知道自己该干什么，不该干什么。

孔、孟、荀之后，后世儒学虽几经变化，流派众多，但是把成就道德人格作为人生最高追求却是儒者们共同的思维旨趣。如朱熹曰："学者须是求仁。所谓求仁者，不放此心"②"圣人亦只教人求仁。盖仁义礼智四者，仁足以包之"③。陈淳讲："孔门教人，求仁为大。只专言仁，以仁含万善，能仁则万善在其中矣。"④明代罗汝芳也曾说："孔门宗旨只在求仁。"⑤而"仁"在儒学的思想体系中，即是道德的另外一个称谓。

将道德视为人之为人的本质，这是儒家在伦理道德意义上将人对象化、从价值分析而非实证分析的角度得出的结论。基于此，在儒学的视野中，无论是评价人事、家事还是国事，其标准都是看其是否符合道德；无论是择偶、择友还是择官，道德都是被优先考虑的因素。

---

① 《荀子·王制》。
② 《朱子语类·卷六·性理三》。
③ 《朱子语类·卷六·性理三》。
④ 《北溪字义·卷上·仁义礼智信》。
⑤ 《近溪子明道录·卷七》。

（二）道德修养是成就外在事功的先决条件

儒学崇尚道德还表现在，儒学把内在道德人格的完善看作是成就外在事功的出发点和先决条件，将修身与齐家、治国、平天下相联系，讲究由"内圣"开出"外王"。关于这一点，在《大学》中有明确清晰的阐述，《大学》曰："物有本末，事有终始。知所先后，则近道矣。"即事物都有它的根本和末梢，事情都有开端和结尾，在对待事物、处理问题的时候，应该知道孰先孰后，孰本孰末，抓住根本，这样就离道不远了。那么对于成就一番事业来说，什么是根本呢？对此，《大学》解释说：

> 古之欲明明德于天下者先治其国，欲治其国者先齐其家，欲齐其家者先修其身。欲修其身者先正其心，欲正其心者先诚其意，欲诚其意者先致其知，致知在格物。格物而后知至，知至而后意诚，意诚而后心正，心正而后身修，身修而后家齐，家齐而后国治，国治而后天下平。

> 自天子以至于庶人，壹是皆以修身为本。

很显然，《大学》把修身看作了齐家、治国、平天下的根本，儒家认为如果仅仅追求外在事功，而忽视内在的修身，是不会有好结果的，这就是《大学》所说的："其本乱而末治者，否矣。其所厚者薄，而其所薄者厚，未之有也。"

　　而且退一步说，在儒学的价值体系中，道德修养方面取得的成就，其本身就是一种难能可贵的成功，亦根本不逊色于家庭、事业、财富等外在成功。例如，《左传》在论证何谓"不朽"时，便讲道："大上有立德，其次有立功，其次有立言，虽久不废，此之谓不朽。"[1]可见，在《左传》的视野中，"虽久不废"即过了很长时间也没有被人忘记就是不朽，而在追求不朽的道路上，"立德"被放在了首位。

　　在这种推崇道德的价值导向下，当道义与利益发生冲突时，儒学认可的是"先义而后利者荣，先利而后义者辱"[2]；在权贵面前，儒家先哲挺立起来的是"晋楚之富，不可及也；彼以其富，我以吾仁；彼以其爵，我以吾义，吾何慊乎哉"[3]的气节和尊严；在生死面前，儒学崇尚的是"杀身以成仁"[4]"舍生而取义"[5]的勇气，例如，伯夷、叔齐为了维护气节而绝食饿死在首阳山上，《论语》就四次赞颂了他们，称赞他们"不念

---

[1]《左传·襄公二十四年》。

[2]《荀子·荣辱》。

[3]《孟子·公孙丑下》。

[4]《论语·卫灵公》。

[5]《孟子·告子上》。

旧恶"①"不降其志，不辱其身"②，是"古之贤人也"③，"民到于今称之"④。汉初经学家韩婴对这种舍生取义的精神从现象、根源与影响等方面进行了评述，他说：

> 王子比干杀身以成其忠，尾生杀身以成其信，伯夷叔齐杀身以成其廉。此四子者，皆天下之通士也。岂不爱其身哉？为夫义之不立，名之不显，则士耻之，故杀身以遂其行。由是观之，卑贱贫穷，非士之耻也。夫士之所耻者，天下举忠而士不与焉，举信而士不与焉，举廉而士不与焉。三者存乎身，名传于世，与日月并而不息，天不能杀，地不能生，当桀纣之世，不之能污也。⑤

综上所述，儒学对道德的崇尚勿庸置疑。因儒学在中华传统文化中的主干地位，这种价值取向也进而成为中华传统文化的主流价值取向，正因为对道德的推崇，中华传统文化也因此被世人称为伦理型的文化。

---

① 《论语·公冶长》。
② 《论语·微子》。
③ 《论语·述而》。
④ 《论语·季氏》。
⑤ 《韩诗外传集释·卷一·第八章》。

二、人格修养的潜力

　　既然道德在儒学价值体系中如此重要，那么在提升道德修养的路途上，关于人所具备的人格修养的潜力，儒学又是如何来评估的呢？总体来看，儒学充分肯定了人在道德方面所具备的自我完善的能力，倡导"为仁由己"①"人皆可以为尧舜"②"涂之人可以为禹"③。

（一）为仁由己

　　"为仁由己"是孔子提出的命题，"仁"是孔子思想体系的核心，《论语》中提及"仁"的地方多达百余处，根据情景不同，孔子对"仁"作了不同的界定。总体来看，"仁"可以被看作是全德之名，是道德规范的总称，儒学所倡导的一切具体的道德规范，例如忠、孝、悌、信、义、温、良、恭、俭、让等都可以纳入到"仁"的范畴中。

———————

① 《论语·颜渊》。
② 《孟子·告子下》。
③ 《荀子·性恶》。

"为仁由己"即在孔子看来成就仁德这件事完全取决于自己。孔子提出这个命题，并非意味着孔子认为"仁"的实现很容易。相反，孔子认为实现"仁"非常困难。当有人询问孔子某些人是否达到了"仁"的境界，孔子最经常的回应便是"不知其仁也"。例如：

> 孟武伯问子路仁乎？子曰："不知也。"又问。子曰："由也，千乘之国，可使治其赋也，不知其仁也。"
>
> "求也何如？"子曰："求也，千室之邑，百乘之家，可使为之宰也，不知其仁也。"
>
> "赤也何如？"子曰："赤也，束带立于朝，可使与宾客言也，不知其仁也。"①

当孟武伯向孔子打听孔子三位学生子路、冉求、公西赤是否达到仁德的境界时，孔子夸奖了子路和冉求的行政能力，夸奖了公西赤的外交能力，但是，即使他们如此有才华，孔子依然坚持说"不知其仁也"，即不知道他们是否达到了"仁"的境界，隐含的意思是还没有达到"仁"。即使孔子谈到自己最喜欢的学生颜回，给出的评价也只是："回也，其心三月不违仁，其余则日月至焉而已矣。"②可见，颜回在孔子心目中，也只能做

---

① 《论语·公冶长》。
② 《论语·雍也》。

到几个月不违背"仁",更不要提那些不如颜回的学生了。孔子不仅认为自己的学生很难达到"仁",而且,孔子自己也从不以"仁人"自居,孔子说:"若圣与仁,则吾岂敢?"[1]

尽管在孔子心目中,完全达致"仁"的境界非常困难,但是,在孔子看来,追求这种境界、靠近这种境界却并不困难,一个人想追求仁德,就可以追求仁德,追求仁德这件事情完全取决于自身努力,与外在限制没有关系,仅须依靠个体坚定的意志和持之以恒的努力。即谓:

> 子曰:"仁远乎哉?我欲仁,斯仁至矣。"[2]
> 为仁由己,而由人乎哉?[3]

当然,求"仁"的过程是很艰辛的。其要求"君子无终食之间违仁,造次必于是,颠沛必于是"[4]。对"仁"的追求任重道远,直到生命的最后一息才能停止,即谓:"士不可以不弘毅,任重而道远。仁以为己任,不亦重乎?死而后已,不亦远乎?"[5]

孔子提出了"为仁由己"的命题,肯定了人在人格修养方

---

[1]《论语·述而》。
[2]《论语·述而》。
[3]《论语·颜渊》。
[4]《论语·里仁》。
[5]《论语·泰伯》。

面的巨大潜力，但是，就《论语》来看，孔子并没有对为什么"为仁"可以"由己"做出细致的论证，后世儒者用"人性论"弥补了孔子的这一理论缺憾。人性上承天道，下启人伦，对人性问题的探讨是人类自我觉醒、自我认识的开始。儒家人性理论，由孔子肇其端，孟、荀承继之。关于"人性"，在《论语》中，孔子只说了一句，那就是"性相近也，习相远也"[①]。这句话尽管没有具体说明"相近之性"是什么、"相远之习"又是什么，但是却奠定了儒学在人性问题上重视后天习染的基调和框架。到了战国时期，人性问题成为百家争鸣的重要问题。孟子和荀子各自从不同的路径发展了孔子的观点，为"为仁由己"做了注解。

（二）人皆可以为尧舜

"人皆可以为尧舜"[②]是孟子基于"性善论"所提出的命题。孟子是儒家理想主义的一翼，他对人性持乐观的看法，"孟子道性善，言必称尧、舜"[③]。孟子把人作为"类"来考察，把普通人与"圣人"作类比，即谓："麒麟之于走兽，凤凰之于飞鸟，太山之于丘垤，河海之于行潦，类也。圣人之于民，亦类

---

① 《论语·阳货》。

② 《孟子·告子下》。

③ 《孟子·滕文公上》。

也。"①进而依据"凡同类者，举相似也"②，得出"我"与圣人同类、"我"与圣人一样都具有善性的结论。在孟子的视野中，圣人之所以超越普通人，是因为圣人率先体悟到了人之为人的本质所在——仁义，即谓：

> 凡同类者，举相似也，何独至于人而疑之？圣人，与我同类者……口之于味也，有同耆焉；耳之于声也，有同听焉；目之于色也，有同美焉。至于心，独无所同然乎？心之所同然者何也？谓理也，义也。圣人先得我心之所同然耳。③

在孟子看来，与圣人同"类"的这种人性之善不仅人人都有，而且是天赋的，孟子称之为善"端"，孟子讲：

> 恻隐之心，仁之端也；羞恶之心，义之端也；辞让之心，礼之端也；是非之心，智之端也。人之有是四端也，犹其有四体也。④

这段话中的"端"即善的萌芽，在孟子看来，人具备仁、义、

---

① 《孟子·公孙丑上》。
② 《孟子·告子上》。
③ 《孟子·告子上》。
④ 《孟子·公孙丑上》。

礼、智这四种善的萌芽，就像人天生便有四肢一样，仁、义、礼、智不是外在强加于人的，而是人生来就有的能力。孟子称这种能力为"良知""良能"，即谓："人之所不学而能者，其良能也；所不虑而知者，其良知也。"[①]但是，既然人人都有天赋的善端，为什么还会存在坏人呢？对此，孟子解释说，"善端"作为善的萌芽，只是一种可能的善性，而不是现实的善性，若想把"可能的善性"变成"现实的善性"，还需要经过后天努力，孟子讲：

> 凡有四端于我者，知皆扩而充之矣，若火之始然，泉之始达。苟能充之，足以保四海；苟不充之，不足以事父母。[②]

在孟子看来，仁、义、礼、智四种善端就像刚刚燃烧起来的火苗，就像刚刚流出的泉水一样，只有扩而充之，才有可能发展壮大起来。如果人能够主动地去扩大、充实天赋的善端，那么即使治理一个国家也能治理得好；如果不注意保养和扩充善端，那么尚处于萌芽状态、十分脆弱的善端便会丧失，甚至连照顾父母这样的事情也无法做好。孟子还以牛山之木为例，来讲述这个道理，孟子曰：

————————

① 《孟子·尽心上》。
② 《孟子·公孙丑上》。

牛山之木尝美矣，以其郊于大国也，斧斤伐之，可以为美乎？是其日夜之所息，雨露之所润，非无萌蘖之生焉，牛羊又从而牧之，是以若彼濯濯也。人见其濯濯也，以为未尝有材焉，此岂山之性也哉？虽存乎人者，岂无仁义之心哉？其所以放其良心者，亦犹斧斤之于木也，旦旦而伐之，可以为美乎？[①]

牛山上的树木曾经非常茂盛，但是因为它临近大都市，天天都有人带着斧子来砍伐这些树木，这样持续下去，牛山上的树木还能这么茂盛吗？它在日夜息养、雨露滋润之下，也有新嫩的枝条长出来，但是随之又有人在山上放牧牛羊，牛山因此才呈现出光秃秃的样子。人们看到牛山光秃秃的样子，便认为牛山从来不长树，实际并非如此，而是因为没有注意养护的结果。孟子进而将牛山与人作类比，认为坏人之所以"坏"也是如此，并不是因为他们没有善性，而是因为他们把自己的善性泯灭掉了而已，就像被砍伐掉的牛山上的树木一样。

与孟子同时期，有一个叫告子的人不认同孟子的看法，他曾经与孟子就人性问题展开过争论。告子曰：

性犹湍水也，决诸东方则东流，决诸西方则西流。

---

① 《孟子·告子上》。

人性之无分于善不善也，犹水之无分于东西也。①

告子认为，人性就像急速流动的水一样，若从东方开了缺口便会往东流，若从西边开了缺口便会往西流，人性不分善恶就像水不分东西一样。对此，孟子是如何来反驳的呢？孟子反驳说：

> 水信无分于东西，无分于上下乎？人性之善也，犹水之就下也。人无有不善，水无有不下。今夫水，搏而跃之，可使过颡；激而行之，可使在山。是岂水之性哉？其势则然也。人之可使为不善，其性亦犹是也。②

孟子同样以水作比喻，反问道：水确实不分东西，但水难道不分上下吗？人性向善，就像水往下流一样。现在有一股水，用手拍打它，它可以溅到人的额头上，如果堵住通道让水倒行，还可以把这股水引到山上去，这难道是水的本性造成的吗？显然不是，这是外在干扰造成的，即在孟子看来，人可以办坏事，但这并不能说明人的本性就是坏的。总之，孟子坚持认为人性本善，他认为之所以有人后来变成了坏人，是后天自暴自弃的原因，不能归罪于本性不好，"乃若其情，则可以为善矣，

---

① 《孟子·告子上》。
② 《孟子·告子上》。

乃所谓善也。若夫为不善，非才之罪也"①。孟子认为：

> 子服尧之服，诵尧之言，行尧之行，是尧而已矣。
> 子服桀之服，诵桀之言，行桀之行，是桀而已矣。②

可见，孟子相信的是人人都具有向善的潜力，最终能不能成为一个道德高尚的人，则完全取决于自身的主动选择。基于此，当曹交问孟子"人皆可以为尧舜，有诸"时，孟子肯定地说："然。"③

因为孟子相信"人性善"，所以他的人性论带有理想主义的色彩；但同时，孟子又认为"善端"需要养护和扩充，需要人的主观努力，所以他的人性论又弥漫着理性主义的光辉。孟子的"性善论"在天赋善性之下为人的主观能动性的发挥、为后天的教养留下了较大的空间。

（三）涂之人可以为禹

"涂之人可以为禹"这是荀子基于"性恶论"在人格修养潜力这个问题上所持有的观点。与孟子从理想主义出发不同，荀子则从现实主义出发，提出了"性恶论"，他讲："人之性

---

① 《孟子·告子上》。
② 《孟子·告子下》。
③ 《孟子·告子下》。

恶，其善者伪也。"①"性"和"伪"是荀子人性论中最重要的两个概念，荀子所讲的"性"，主要是指人的自然本能，荀子把生而就有的自然本能称作"性"，例如，饥而欲饱、寒而欲暖、劳而欲休、目好色、耳好声、口好味、心好利、骨体肤理好愉佚等都属于人性的范畴；而把通过后天习得对人性的纠偏称作"伪"。即谓：

> 不可学、不可事而在人者谓之性，可学而能、可事而成之在人者谓之伪。是性、伪之分也。②

从自然本能的角度来界定人性，本不应有善、恶之分，荀子之所以认为"人性恶"，是从人性发展趋势这个角度提出的命题，即荀子认为如果放纵本能、不加节制，就会变成"恶"。即谓：

> 今人之性，生而有好利焉，顺是，故争夺生而辞让亡焉；生而有疾恶焉，顺是，故残贼生而忠信亡焉；生而有耳目之欲，有好声色焉，顺是，故淫乱生而礼义文理亡焉。③

理解这段话的关键词是"顺是"，"顺是"的意思就是"顺着

发展下去"。这个词所隐含的是："生而有好利焉，生而有疾恶焉，生而有耳目之欲，有好声色焉"这些人性特点并不能称之为"恶"，但是如果任由其发展，而不知节制就会演变成"恶"。可见，荀子的"性恶"和孟子的"性善"一样，也只是一种萌芽和趋势，并不是说人一生下来就是"坏人"。

在孟子的思想体系中，"人性"与"人的本质"是一个概念。但是，在荀子的思想体系中，"人性"与"人的本质"是两个概念，人并不因其自然状态而为人，对此，荀子做了这样的论证：

> 人之所以为人者，何已也？曰：以其有辨也。饥而欲食，寒而欲暖，劳而欲息，好利而恶害，是人之所生而有也，是无待而然者也，是禹、桀之所同也。然则人之所以为人者，非特以二足而无毛也，以其有辨也。今夫狌狌形笑，亦二足而无毛也，然而君子啜其羹，食其胾。故人之所以为人者，非特以其二足而无毛也，以其有辨也。夫禽兽有父子而无父子之亲，有牝牡而无男女之别，故人道莫不有辨。①

可见，在荀子的视野中，人之所以是人，并非因为人具有"饥而欲食、寒而欲暖、劳而欲息、好利而恶害"等这些自然本

---

① 《荀子·非相》。

能，也非因为人具有"二足而无毛"的形体，而在于人是否有"辨"，即是否具备辨别是非善恶的能力、是否懂得人伦道德。荀子尽管持"人性恶"的观点，但却并不认同"人就应该恶"。实际上，荀子依然秉持儒家的基本立场，把道德看作是人之为人的本质，看作是人与禽兽的根本区别。

为了遏制人性向恶发展的趋势，荀子提出要"化性起伪"，他设计的"伪"的主要方式是师法之化、礼义之道。荀子认为通过遵从师法之化、学习礼义之道，可以规制人性，使人的行为"出于辞让，合于文理，而归于治"①。基于这一认识，荀子充分肯定了人向善的能力，提出了"涂之人可以为禹"的命题，即荀子认为走在大街上的普通人也都可以变成类似"大禹"的圣人。荀子这样来论证自己的观点：

> "涂之人可以为禹"，曷谓也？曰：凡禹之所以为禹者，以其为仁义法正也。然则仁义法正有可知可能之理，然而涂之人也，皆有可以知仁义法正之质，皆有可以能仁义法正之具，然则其可以为禹明矣。②

在荀子看来，大禹之所以是大禹，是因为大禹在践行"仁义法正"方面做得好，但是普通人也具备了解认知"仁义法正"的

---

① 《荀子·性恶》。
② 《荀子·性恶》。

能力，也具备践行"仁义法正"的条件，所以普通人也都可以成为大禹，这无须怀疑。当然，荀子所说的"涂之人可以为禹"只是说明了人人皆有成为"禹"的可能性，并不是说每个人都是大禹，可能性与现实性之间存在着巨大的差距，对此，荀子有清醒的认识，荀子说：

> 故涂之人可以为禹则然，涂之人能为禹，未必然也。虽不能为禹，无害可以为禹。足可以遍行天下，然而未尝有能遍行天下者也。夫工匠农贾，未尝不可以相为事也，然而未尝能相为事也。用此观之，然则可以为，未必能也；虽不能，无害可以为。然则能不能之与可不可，其不同远矣，其不可以相为明矣。[①]

要弥补可能性和现实性之间的差距，只能依靠后天的修养。即谓：今使涂之人伏术为学，专心一志，思索孰察，加日县久，积善而不息，则通于神明，参于天地矣。[②]

综上所述，孟子认为"人性善"，荀子认为"人性恶"，看似针锋相对的出发点却得出了类似的结论，可谓殊途而同归。孟子、荀子之后，儒家在人性的看法上又出现了诸多不同的观点，但是万变不离其宗，将道德看成人之为人的本质，把

---

① 《荀子·性恶》。

② 《荀子·性恶》。

人性仅仅看作是实现人之本质的基础，认为人之为人的现实意义上的本质，要经过后天自主努力才能实现，在这一点上，儒家的立场从来都没有改变过。这种立场最终都可以归结到"为仁由己"，即成就道德完全取决于自身的努力。儒学的这一理念意义重大，其充分肯定了人具备自我完善的能力，为人格修养的提升留足了空间；这亦是一种平等的思想，承认了人在道德潜力上的平等。

三、人格修养的目标

以仁、义、礼来修身、成就理想人格，是儒学主导下的中华优秀传统文化为人格修养所设置的内容和目标。这正如荀子所说："君子处仁以义，然后仁也；行义以礼，然后义也；制礼反本成末，然后礼也。三者皆通，然后道也。"[①]

（一）以仁义礼来修身

关于"仁"，前文已有较多论述，这里不再赘述。在儒学

---

① 《荀子·大略》。

的思想体系中，"仁"要转化为具体的道德行为，需要"义"和"礼"来配合。

《中庸》曰："义者，宜也"，简而言之，"义"就是道德主体在具体行事时依据"仁"所做的应当、应为之判断，是经过道德反思后形成的自觉意识。《论语》虽经常提到"义"，也谈到过"义"的作用，例如："勇"需要"义"来调节，即"君子有勇而无义为乱"[1]；"信"需要"义"来加强，即"信近于义，言可复也"[2]；"直"需要"义"作补充，即"质直而好义"[3]等。并进而给与"义"以很高的评价，即谓"君子义以为上"[4]"君子义以为质"[5]等。但孔子尚未对"仁"与"义"的关系做出明确说明。这一点，在孟子那里得到了弥补，孟子用"心"与"路"、"宅"与"路"来比喻"仁"与"义"的关系，即谓："仁，人心也；义，人路也"[6]"仁，人之安宅也；义，人之正路也"[7]。后来宋明理学家承袭了孟子的这一思路，例如朱熹说："仁虽似有刚直意，毕竟本是个温和之物。但出来发用时有许多般，须得是非、辞逊、断制三者，方成仁之事。"[8]

---

① 《论语·阳货》。

② 《论语·学而》。

③ 《论语·颜渊》。

④ 《论语·阳货》。

⑤ 《论语·卫灵公》。

⑥ 《孟子·告子上》。

⑦ 《孟子·离娄上》。

⑧ 《朱子语类·卷六·性理三》。

陈淳亦曰："义就心上论，则是心裁制决断处。宜字乃裁断后字。裁断当理，然后得宜。凡事到面前，便须有剖判，是可是否。"[1]可见，在儒家先哲的视野中，"仁"是"义"的道德依据，"义"是根据"仁"所做出的具体道德判断，它是"仁"向具体道德行为转化的枢纽，并对人的行为进行着调节，仁与义相依相济，相得益彰，仁义结合才能正确行事。在儒家价值评判体系中，只要合于义，即使通常看来是降志辱身的行为在道德上也是被允许的，例如孔子对管仲的评价就是这样，在齐桓公杀死公子纠之后，原为公子纠之臣的管仲不仅没有随公子纠赴死，反而辅佐齐桓公，当时很多人都认为管仲的行为是失志变节的行为，但孔子却从大义出发，认为"桓公九合诸侯，不以兵车，管仲之力也""管仲相桓公，霸诸侯，一匡天下，民到于今受其赐。微管仲，吾其被发左衽矣。岂若匹夫匹妇之为谅也，自经于沟渎而莫之知也？"[2]孔子由此称赞管仲"仁"。

中华传统文化中的"礼"可从人伦秩序、等级制度、社会规范、礼乐仪式等角度来理解。"礼"字早在殷商卜辞中便已出现，原指敬神或祭祖的器物和仪式，《说文解字》释"礼"曰："礼，履也，所以事神致福也。"及至西周，周人对原始的巫术礼仪制度进行了总结和改革，使之进一步完备化、精致化，形成了蔚为大观的"周礼"，"周礼"是对西周礼乐制度、典章规

---

[1]《北溪字义·卷上·仁义礼智信》。

[2]《论语·宪问》。

范的总称，它对维系西周的社会稳定起到了十分重要的作用。但后来随着西周的没落，其礼乐制度也随之衰落，"僭礼"事件层出不穷，整个社会陷入了"礼崩乐坏"的混乱局面。孔子对这种情状十分痛心，他对西周时期有序的礼乐文化充满向往，宣称："郁郁乎文哉！吾从周。"①但是，孔子的"从周"并非是对周礼的简单效仿，而是对其进行改造，给其注入更多的道德精神。

　　孔子对"礼"的改造主要表现为将"礼"与"仁"相结合，以"仁"来规定"礼"。孔子曰：

　　　　礼云礼云，玉帛云乎哉？乐云乐云，钟鼓云乎哉？②
　　　　人而不仁，如礼何？人而不仁，如乐何？③

这两段话表达的含义是：尽管"礼"主要通过玉帛、钟鼓等外在形式表现出来，但这些外在形式只是"礼"的呈现方式，其要反映的是背后的道德精神，如果不讲仁德，那么礼作为外在形式也就没有意义了。例如，"居上不宽，为礼不敬，临丧不哀，吾何以观之哉"④这句话所说的"宽""敬""哀"就分别是君臣上下之礼和丧礼所要表达的实质内容。再如，"能以礼让

---

① 《论语·八佾》。
② 《论语·阳货》。
③ 《论语·八佾》。
④ 《论语·八佾》。

为国乎？何有？不能以礼让为国，如礼何"①这句话中的"让"就是治国之礼要表达的实质内容。总之，在儒学的视野中，"仁"是"礼"的实质。

而"礼"对成就仁德的重要的价值则表现为，"礼"对于"仁"和"义"具有规范、节制、文饰、补充的作用。在儒学的价值体系中，人做出道德行为，一方面需要来自于其内心的道德自觉，另一方面也需要外在的约束引导。例如，孔子便把"克己复礼"看作是为"仁"之方，孔子讲：

> 克己复礼为仁。一日克己复礼，天下归仁焉。②
> 非礼勿视，非礼勿听，非礼勿言，非礼勿动。③

可见，孔子认为应以"礼"来约束、克制自己的言行，凡是不符合"礼"的事情，就不要去看、不要去听、不要去说、也不要去做，这是达致"仁"的必备路径。

重视"礼"的作用是儒学的一贯主张，相比较而言，儒家中持"性恶论"观点的学者更倾向于强调"礼"的作用。例如，荀子便十分推崇"礼"的价值，即谓：

> 古者圣王以人之性恶，以为偏险而不正，悖乱而不

---

① 《论语·里仁》。
② 《论语·颜渊》。
③ 《论语·颜渊》。

治，是以为之起礼义、制法度，以矫饰人之情性而正之，以扰化人之情性而导之也。始皆出于治、合于道者也。①

荀子认为正是因为"人性"有向恶发展的趋势，因此才有了建立礼义、制定法度的必要性，通过礼义法度可以引导、端正人们的行为，使其遵守秩序、合乎道德。荀子将"礼"与人的道德水平的提高和社会的有序和谐紧密相连，他讲："礼及身而行修，义及国而政明，能以礼挟而贵名白，天下愿，令行禁止，王者之事毕矣。"②

总之，在儒学思想体系中，仁、义、礼密切结合，不可分割，修身养性都要以"仁"为旨归，进退取舍都要以"义"为原则，待人接物、日常行为都要受到"礼"的约束。在儒学这种价值取向的影响之下，贵仁、尚义、明礼成为了中华优秀传统文化的精神气质，成为了挺立在中国社会中的道德力量，对中国的历史进程发挥了积极作用。

（二）成就理想人格

持之以恒地以仁、义、礼来修身，其结果在个体身上的显现，便是理想的道德人格的实现。理想人格是儒家为已经达到

---

① 《荀子·性恶》。
② 《荀子·致士》。

做"人"基本标准的"人"在人格上所做的更高设计，用以表征一个人的"人化"程度以及道德人品所达到的高度。儒家旨在通过理想人格的设计来激励人、鼓舞人，使人在以仁、义、礼"修身"道路上永不止步，不断提高自身的人格境界。儒家关于理想人格的说法有很多种，如圣人、君子、仁人、志士、贤人、大丈夫、士等。其中，从使用频率和历史影响来看，君子、大丈夫、圣人相对来说更具有普遍性和典型性。

※　君子

"君子"本是对有一定社会地位的人的称谓，如孔颖达将《诗经·大东》中的一句诗"君子所履，小人所视"解释为"此言君子小人在位，与民庶相对。君子则行其道，小人则供其役"①。在儒学典籍中，以社会地位来区分君子和小人虽然一直被沿用，但是，在绝大多数场合，儒学是以人格修养的高下作为标准来区分君子和小人，"君子"一般指品德高尚、举止得体、才华横溢的人。例如，孔子曰：

> 质胜文则野，文胜质则史。文质彬彬，然后君子。②

"文质彬彬"可谓中华文化系统中君子的典型形象。在孔子这

---

① 《毛诗正义·卷十三之一》。
② 《论语·雍也》。

段表述中，君子人格由文、质两方面构成，"质"主要指"仁义"，以及由仁义衍生出来的其他美德，如勇、直、信、宽、敏、惠等；"文"则主要指文化修养和优雅的风度仪容，"古之所谓文者，乃诗书礼乐之文，升降进退之容，弦歌雅诵之声"①。"文"与"质"在君子养成中缺一不可，当然，"质"作为成就理想人格的前提和基础，更为根本。"君子"是儒家人格修养中较为现实的一格，通过在仁、义、礼方面努力提升自身即能达到。正是因为如此，在诸种理想人格中，儒家相对而言对君子人格更重视，论述的也更为充分。

※　大丈夫

除"君子"之外，"大丈夫"亦是被中国人经常提及的一种理想人格，其对中国人的精神世界产生了深远影响，它不仅是人们耳熟能详的词语，更是无数志士仁人在自我修养方面所孜孜追求的目标。最早对"大丈夫"人格进行论证的是孟子，孟子曰：

> 居天下之广居，立天下之正位，行天下之大道；得志，与民由之；不得志，独行其道。富贵不能淫，贫贱不能移，威武不能屈，此之谓大丈夫。②

---

① 《司马温公文集·答孔司户文仲书》。
② 《孟子·滕文公下》。

一般认为，"居天下之广居，立天下之正位"，指的是坚守"仁"的道德原则；"行天下之大道"，指的是按照义的要求去做事。在孟子看来，以"仁"为根本原则，按照"义"的指引去为人处世，有气节、有操守、有毅力的人就可以称之为"大丈夫"，正如孟子所言："居仁由义，大人之事备矣。"①在按照仁义行事的过程中，有一点特别重要，那就是态度要端正，孟子曰：

　　　　舜明于庶物，察于人伦，由仁义行，非行仁义也。②

这段话中的"由仁义行"是指把践行"仁义"当作目的，"行仁义"是指把践行"仁义"作手段。"由仁义行"是一种高度自觉的道德行为，这时的"居仁由义"不是出于功利目的或迫于外在压力，而完全是道德主体自觉自愿的选择，以致达到了习惯成自然的境界。对那些放弃"居仁由义"的行为，孟子斥之为"自暴自弃"，孟子曰：

　　　　自暴者，不可与有言也；自弃者，不可与有为也。言非礼义，谓之自暴也。吾身不能居仁由义，谓之自弃也。③

---

① 《孟子·尽心上》。
② 《孟子·离娄下》。
③ 《孟子·离娄上》。

在孟子看来，通过"居仁由义"的长期努力，一点一滴积累便可以养成"浩然之气"，关于"浩然之气"，孟子解释说：

> 其为气也，至大至刚，以直养而无害，则塞于天地之间。其为气也，配义与道；无是，馁也。是集义所生者，非义袭而取之也。行有不慊于心，则馁矣。①

浩然之气至大至刚，要用正直去培养它，一点都不能伤害它；在养成浩然之气的过程中，需要用"义"与"道"相配合，否则就不会有力量；浩然之气需要日积月累一点点地积"义"才能够养成，只要做一件于心有愧的事，浩然之气便会丧失。这就是"大丈夫"人格所应具备的"浩然之气"的养成过程。

※ 圣人

"圣人"是"居仁由义行礼"之最彻底者，是儒家人格修养中的最高一格。因其境界极高，后人虽尊称孔子为"圣人"，但孔子本人却从不以"圣人"自居，并且在孔子视野中，除尧、舜、周公等少数圣王先人可以称之为"圣人"外，其同时代的人尚无一人能担当起这一盛名，即"圣人，吾不得而见之矣；得见君子者，斯可矣"②。与孔子相比，孟子"人皆可以为

---

① 《孟子·公孙丑上》。

② 《论语·述而》。

尧舜"①、荀子"涂之人可以为禹"②的观点，看似大大拉近了凡人和圣人之间的距离，但这只是单纯从理论上推出的可能性，而从实际来考察，由于"圣人"是"出于其类，拔乎其萃"③的全知全能者，代表着"人伦之至"④"道之极也"⑤，是"百世之师也"⑥，所以实际上，在孟子、荀子的视野中，"圣人"仍是一种高不可攀的境界。而给人的道德修养设立这样一种至高的境界，正是儒家的用意所在。儒家设置"圣人"这一人格看中的并不是其"现实性"，人格修养的现实性完全可以在君子、大丈夫等这些较低一级的人格层次上实现，儒家更多地是将"圣人"作为一面旗帜，看中的是其道德感召力，有了这面旗帜，就可以激励人在道德修养的路上走得更远。

总而言之，关于人格修养的内容和目标，儒学赋予中华优秀传统文化的基本理念是：通过对仁、义、礼的体认和践行，人可以不断地提高自身的人格境界，从物欲中超拔出来，便有望成就君子、大丈夫、圣人等理想人格。这种理念将中华民族塑造成注重道德价值、注重追求精神满足的民族，在中国的历史进程中产生了积极影响。

---

① 《孟子·告子下》。

② 《荀子·性恶》。

③ 《孟子·公孙丑上》。

④ 《孟子·离娄上》。

⑤ 《荀子·礼论》。

⑥ 《孟子·尽心下》。

四、人格修养的路径

前文提到，中华传统文化主干——儒学崇扬道德修养之于人生的意义，通过倡导"为仁由己"、"人皆可以为尧舜"、"涂之人可以为禹"等价值理念肯定了人具备自我提升的充足潜力，亦为人格修养规划了明确的方向，即通过仁、义、礼修身来成就理想人格。但无论潜力如何大、方向如何明确，都需要付出实实在在的努力才能够将可能性变成现实性。为此，中华先哲设计了诸多道德修养的路径，其中不少仍然具有隽永的价值。梳理这些路径，观照当代人的生活实际，从可操作性上着眼，有四点内容值得特别关注。

（一）好学力行

中国传统主流文化崇尚"学"，认为"学"对于提升道德修养具有重要价值。孔子讲"惟上知与下愚不移。"[1]"上知"指的是不学就会的天才；"下愚"指的是天生智力有缺陷的人。

_____

[1]《论语·阳货》。

孔子认为，除了这两类人之外，其他人都可以通过教育和学习得到改变。从这个论断中，我们感到孔子似乎承认有"上知"存在，但是实际上，孔子从来没有具体说过谁能称得上是"上知"，孔子自己也从来不以"上知"自居。他讲：

> 我非生而知之者，好古，敏以求之者矣。①
> 十室之邑，必有忠信如丘者焉，不如丘之好学也。②

从上述两段话可知，孔子认为自己并非是生来就会的天才，有十户人家的地方就可以找得到忠信素质赶得上他的人，但那些人之所以没能超越孔子，是因为那些人没有孔子喜欢学习。在儒学视野中，学习是成就仁德的必备路径，正所谓："百工居肆以成其事，君子学以致其道"③"博学而笃志，切问而近思，仁在其中矣"④。

需要注意的是，中华优秀传统文化所倡导的"学"是与"力行"联系在一起的"学"，"力行近乎仁"⑤。因而，这种"学"主要不是要求人们学习书本上的知识，而是学习做人、做事的道理，并身体力行地把所学之道贯彻到日常生活中去。这正如

① 《论语·述而》。
② 《论语·公冶长》。
③ 《论语·子张》。
④ 《论语·子张》。
⑤ 《中庸》。

孔子所讲：

> 弟子，入则孝，出则悌，谨而信，泛爱众，而亲仁。行有余力，则以学文。①

在孔子看来，一个人在做到了"入则孝，出则悌，谨而信，泛爱众，而亲仁"之后，如果还有余力，才可以去学习文献方面的知识，而不是反过来。孔子的学生子夏则更直接地表示：

> 贤贤易色；事父母，能竭其力；事君，能致其身；与朋友交，言而有信。虽曰未学，吾必谓之学矣。②

在子夏看来，一个人如果在选择配偶的时候，能优先考虑美德而不是美色；孝敬父母的时候，能竭尽全力；为君主工作的时候，能尽心尽力；与朋友交往的时候，能做到诚实守信，那么，即使这个人从来都没有正式学习过儒学所倡导的道德规范，子夏也认为这个人已经学得很好了。

总之，在儒家先哲看来，对于已经学到的道德理念，只有将其落实到实际生活中，才有真正的价值。《论语》开篇所讲"学而时习之"③的"习"，其根本意蕴即在于实习、练习、演

---

① 《论语·学而》。
② 《论语·学而》。
③ 《论语·学而》。

习，就是落实到实际中去的意思。在儒学的影响下，注重道德实践是成为中华优秀传统文化的特色。

基于上述价值取向，儒家将"学"分为两类，一是"君子之学"，一是"小人之学"。孔子劝导学生："女为君子儒！无为小人儒。"①关于"君子之学"与"小人之学"的区别，荀子做了这样的界定：

> 君子之学也，入乎耳，著乎心，布乎四体，形乎动静，端而言，蝡而动，一可以为法则。小人之学也，入乎耳，出乎口。口耳之间则四寸耳，曷足以美七尺之躯哉。古之学者为己，今之学者为人。君子之学也以美其身；小人之学也以为禽犊。②

依据荀子所作的界定，"君子之学"指的是将所学道德理念入耳入心，并能在一言一行、一举一动的实践活动中体现出来的"学"；"小人之学"则是指耳朵听见了、嘴里就卖弄出来的沽名钓誉之"学"。对此，荀子发出了"口耳之间则四寸耳，曷足以美七尺之躯"的感叹。可见，在荀子看来，通过学习获得的道德理念，如果不能内化于心中，不能外化为行为，那么即使学到的东西再多，学的内容本身再好，也没有用处，学了也

---

① 《论语·雍也》。
② 《荀子·劝学》。

是白学。荀子认为：

> 不闻不若闻之，闻之不若见之，见之不若知之，知
> 之不若行之，学至于行之而止矣。[1]

在荀子看来：不听不如亲耳听到，听到不如亲眼看到，看到不如内心知道，知道不如亲自实践，学到的道理只有付诸实践才可以"止"。

总之，"学"是提升道德修养的必备路径，学到的道德理念只有落实到实践中去才有意义，要行"君子之学"，要为了提升美化自己的人格而学，这是中华优秀传统文化传达给我们的进行人格修养的正确态度。

（二）学思结合

中华优秀传统文化崇尚"思"，认为"学"需要"思"来辅助。孔子曰："学而不思则罔，思而不学则殆。"[2]学习与思考相结合，才能深入领会道德理念的真义，才有可能举一反三。《论语》举了一个例子：

---

① 《荀子·儒效》。
② 《论语·为政》。

　　子贡曰："贫而无谄，富而无骄，何如？"子曰："可也；未若贫而乐，富而好礼者也。"

　　子贡曰："《诗》云：'如切如磋，如琢如磨'，其斯之谓与？"子曰："赐也，始可与言《诗》已矣，告诸往而知来者。"①

当子贡问孔子如何评价"贫穷却不谄媚，富贵却不骄傲"时，孔子告诉他，这两种品质不如"贫穷却快乐，富贵而懂得礼节"。子贡从孔子的这一点评中联想到了《诗经》"如切如磋，如琢如磨"的诗句，领悟到了"贫而乐"是"贫而无谄"切磋琢磨之后的境界，"富而好礼"是"富而无骄"切磋琢磨之后的境界。这就是子贡对老师的观点进行深入思考后的收获。

　　孔子特别看重学生经过深入思考之后获得的举一反三的能力，当一个学生不具备深入思考、举一反三的能力时，孔子就不会再教他了，即"举一隅不以三隅反，则不复也"②。孔子最欣赏学生颜回，颜回的一项突出能力便是举一反三，他能从孔子教给他的学问中产生新的领悟，孔子评价颜回："吾与回言终日，不违，如愚。退而省其私，亦足以发，回也不愚。"③颜回的同学子贡亦称赞颜回能够"闻一以知十"④。

---

① 《论语·学而》。
② 《论语·述而》。
③ 《论语·为政》。
④ 《论语·公冶长》。

除了一般性的思考问题之外，"思"在中华传统文化体系中还有一层涵义——反思。"温故而知新，可以为师矣"①，孔子这句耳熟能详的名言中的"温故"即包含着回顾反思的意蕴。通过回顾反思，才能深刻认识问题，找到对未来的启迪。关于中华优秀传统文化所倡导的"反思"的向度，曾子和孔子的观点较有代表性，对后世的影响较大：

> 曾子曰："吾日三省吾身——为人谋而不忠乎？与朋友交而不信乎？传不习乎？"②

曾子每天都会多次反省自己：为人办事有没有尽心呢？和朋友交往是不是做到了诚实守信了呢？老师教的做人做事的道理，自己有没有落实到实践中去呢？这三个方面是曾子的反思向度。

> 孔子曰："君子有九思：视思明，听思聪，色思温，貌思恭，言思忠，事思敬，疑思问，忿思难，见得思义。"③

孔子认为君子应该从九个方面进行认真地思考和反思：看的时

---

① 《论语·为政》。
② 《论语·学而》。
③ 《论语·季氏》。

候，要反思自己是否看清楚了；听的时候，要反思自己是否听明白了；待人接物的时候，要反思自己的神色是否温和，容貌态度是否恭敬；说话的时候，要反思自己所说的话是否确实可靠；做事情的时候，要反思自己有没有认真对待；遇到疑问的时候，要反思自己有没有及时向别人请教；想发怒的时候，要反思自己是否考虑到了后患；得到利益的时候，要反思自己是否应该得到。曾子的"三省"与孔子的"九思"，代代流传，涵养了中华民族自我反省的精神。

在思考和反思的过程中，如果发现自己在德性修养方面有做的不好的地方，便应该及时改正。孔子说："过，则勿惮改"[1]"过而不改，是谓过矣"[2]。犯错不可怕，知道自己错了却不改正，那才是真正的过错。关于发现错误并及时改正这一点，孟子举了一个生动的例子：

> 孟子曰："今有人日攘其邻之鸡者，或告之曰：'是非君子之道。'曰：'请损之，月攘一鸡，以待来年，然后已。'如知其非义，斯速已矣，何待来年？"[3]

有个人每天偷邻居一只鸡，有人告诉他说："这不是君子之道。"偷鸡的人说："那我先少偷些，改成每月偷一只，等到明

①《论语·学而》。

②《论语·卫灵公》。

③《孟子·滕文公下》。

年再完全不偷了。"对此，孟子的看法是，如果明知道这样做
不符合正道，就应该赶快改正，为什么要等到明年呢？知错就
改体现的是"知耻"之心，中华优秀传统文化特别强调"知
耻"，认为人要有羞耻心，孔子曰："知耻近乎勇"①，孟子曰：
"人不可以无耻"②"不耻不若人，何若人有？"③可见，在中华先
哲看来，有羞耻心就是勇敢的表现，不以赶不上别人为羞耻的
人，不可能取得进步。中华优秀传统文化倡导的是：

> 见贤思齐焉，见不贤而内自省也。④
> 见善修然，必以自存也；见不善愀然，必以自省也；
> 善在身介然，必以自好也；不善在身菑然，必以自恶也。⑤

即见到善行，应反省自己是否具备；见到恶行，应检讨自己是
否也犯过类似的错误。当然，思考和反思也是有限度的，据
《论语》记载：

> 季文子三思而后行。子闻之，曰："再，斯可矣。"⑥

---

① 《中庸》。
② 《孟子·尽心上》。
③ 《孟子·尽心上》。
④ 《论语·里仁》。
⑤ 《荀子·修身》。
⑥ 《论语·公冶长》。

当听说季文子每件事情都要考虑多次才行动时，孔子认为这完全没有必要，想两次也就可以了，因为过犹不及，思虑过多也会干扰人的行动，让人优柔寡断。

（三）积习渐染

"积习渐染"强调的是环境对人的影响，以及日积月累的作用，这是中华优秀传统文化在提升人格修养问题上十分看重的路径。

人所处的环境对人的影响很大，孔子曾讲："里仁为美。择不处仁，焉得知？"[①]即孔子认为要选择有利于涵养自己仁德的地方居住才是有智慧的表现。孟子虽倡导"性善论"，认为人天然便具备善性，因而更注重心性自律完善，但孟子亦认同环境对人的影响，他举例说："富岁，子弟多赖；凶岁，子弟多暴，非天之降才尔殊也，其所以陷溺其心者然也。"[②]即收成好的年头，年轻人因为资源丰富，往往就会懒惰，丧失进取之心；收成不好的时候，年轻人往往会因为资源匮乏而发生争斗。《孟子》一书记载了孟子和戴不胜之间的一段对话，亦表达了对环境的重视：

———————

① 《论语·里仁》。
② 《孟子·告子上》。

（孟子曰：）"有楚大夫于此，欲其子之齐语也，则使齐人傅诸？使楚人傅诸？"

（戴不胜）曰："使齐人傅之！"

（孟子）曰："一齐人傅之，众楚人咻之，虽日挞而求其齐也，亦不可得矣。引而置之庄岳之闲数年，虽日挞而求其楚，亦不可得矣。"①

孟子问戴不胜，楚国有个大夫想教自己的儿子说齐国话，是找楚国人来教好啊，还是找齐国人来教好啊？戴不胜回答说："使齐人傅之！"孟子认同戴不胜的说法，接着讲：如果一个齐国人教这个孩子，却有许多楚国人在旁边起哄，即使每天鞭打这孩子，逼他说齐国话，也达不到目的；但是如果能把这个孩子带到临淄城里的庄街、岳里住上几年，即使每天鞭打他，逼他说楚国话，那也做不到了。

荀子相较于孟子更看重环境的影响。因为荀子是"性恶论"的代表人物，他期待后天"化性起伪"来遏制人性向恶发展的趋势，因而更强调后天人文再造和外在规约力量。荀子认为，环境会以潜移默化的方式对人格养成发挥作用，这个过程，荀子称之为"渐"，荀子举了一系列例子来论证自己的观点：

_____

① 《孟子·滕文公下》。

南方有鸟焉，名曰蒙鸠，以羽为巢，而编之以发，系之苇苕，风至苕折，卵破子死。巢非不完也，所系者然也。西方有木焉，名曰射干，茎长四寸，生于高山之上，而临百仞之渊，木茎非能长也，所立者然也。蓬生麻中，不扶而直。兰槐之根是为芷，其渐之滫，君子不近，庶人不服，其质非不美也，所渐者然也。故君子居必择乡，游必就士，所以防邪僻而近中正也。①

在这段话中，荀子列举了在苇条上作巢的蒙鸠鸟、长在高山上的射干草、立在麻中的蓬草、掉入黑土中的白沙、浸泡在尿液中的香料，通过这些例子说明了环境对人的重大影响。由此荀子告诫君子以及有志于成为君子的人，应该"居必择乡，游必就士"，即应该待在自己该待的地方，结交值得自己结交的人，目的就是为了离邪僻事远一些，而离中正之道近一些。当然，环境对人的重大影响需要一个长期过程才能显现出来，荀子把这个过程称之为"积"，即谓：

故积土而为山，积水而为海，旦暮积谓之岁，至高谓之天，至下谓之地，宇中六指谓之极，涂之人百姓，积善而全尽谓之圣人。彼求之而后得，为之而后成，积之而后高，尽之而后圣。故圣人也者，人之所积也。人积耨耕

———————————

① 《荀子·劝学》。

而为农夫，积斲削而为工匠，积反货而为商贾，积礼义而
为君子。[①]

总之，儒学认为环境对人有重塑作用，人会随着周围社会
环境、文化环境的改变而发生改变，正所谓"居楚而楚，居越
而越，居夏而夏"[②]"习俗移志，安久移质"[③]。上述认识随着儒
学影响的扩大而成为了整个中华民族的共识。

（四）师法之化

儒学注重环境的影响，对人格发展来说，最重要的环境莫
过于人际环境，而人际环境中，能对人格提升产生核心引导作
用的莫过于担当教化职能的老师。中华民族很早就形成了尊师
重道的优良传统，《周礼》中即有"教职，以安邦国，以宁万
民，以怀宾客"[④]的提法。儒学在中国历史上便是以"师"的面
目出现的，又称"师儒"，孔子亦被后人尊为"至圣先师""万
世师表"。儒家看重老师的作用，认为"学莫便乎近其人"，
即谓：

---

① 《荀子·儒效》。
② 《荀子·儒效》。
③ 《荀子·儒效》。
④ 《周礼·天官冢宰第一·小宰》。

学莫便乎近其人。《礼》、《乐》法而不说，《诗》、《书》故而不切，《春秋》约而不速。方其人之习君子之说，则尊以遍矣，周于世矣。故曰：学莫便乎近其人。①

这段话通过举例告诉我们：学习的途径没有比接近良师更便捷的了。例如，《礼经》《乐经》规定了法度典章，但并未详细解说；《诗经》《尚书》记载了古时的事情却不切近现实；《春秋》文辞简约而不易理解。要通晓这些典籍中的道理都需要老师来引路。跟随良师学习君子的学说，就能养成崇高的品德并获得广博的知识，也就能够通晓世事了。正所谓"师者，所以传道、授业、解惑也"②。

中华传统文化一方面重视"师"的作用，"化民成俗，基于学校，兴贤育德，责在师儒"③；另一方面也对"师"提出了较高的要求。首先，"师"不仅需要具备扎实而广博的知识，还要善于倾听学生所提的问题并能给予针对性的解答，两个条件都具备才能具备当老师的资格，即谓："记问之学，不足以为人师。必也其听语乎！"④其次，要想当一个好老师，"师"还应该具备启发引导的能力，即谓："君子知至学之难易，而知其美恶，然后能博喻。能博喻然后能为师，能为师然后能为

---

① 《荀子·劝学》。

② 韩愈：《师说》。

③ 《清史稿·卷九十六·志七十一·礼八》。

④ 《礼记·学记》。

长，能为长然后能为君，故师也者，所以学为君也。"①此外，
"师"还要根据学生的不同资质因材施教，这样才能达到好的
教育效果。关于如何"因材施教"来帮助学生提升道德修养方
面的水平，荀子有段话概括得很好，即谓：

> 治气养心之术：血气刚强，则柔之以调和；知虑渐
> 深，则一之以易良；勇胆猛戾，则辅之以道顺；齐给便利，
> 则节之以动止；狭隘褊小，则廓之以广大；卑湿重迟贪利，
> 则抗之以高志；庸众驽散，则刦之以师友；怠慢僄弃，则
> 炤之以祸灾；愚款端悫，则合之以礼乐，通之以思索。凡
> 治气养心之术，莫径由礼，莫要得师，莫神一好。夫是之
> 谓治气养心之术也。②

荀子认为，对于血气刚强的人，要用心平气和来调和他；对于
思虑过深的人，要用坦率善良来感化他；对于勇猛乖张的人，
要用疏导的方式来辅助他；对于性急嘴快的人，要用动静相辅
相成的方式来节制他；对于心胸狭窄的人，要用宽宏大量来开
导他；对于卑下迟钝、贪图小利的人，要用高尚的志向来提点
他；对于庸俗散漫的人，要用良师益友来影响他；对于怠慢轻
薄、自暴自弃的人，要用可能发生的灾祸来警醒他；对于愚钝

---

① 《礼记·学记》。
② 《荀子·修身》。

朴实、端庄拘谨的人，要用礼仪音乐来协调他，用深思熟虑来开导他。在荀子看来，治气养心的方法，没有比得到好的老师指导更重要的了。

基于对老师重要性的认识，中国自古以来便特别强调尊敬老师，正所谓"玉不琢，不成器；人不学，不知道。是故古之王者建国君民，教学为先"①"国之将兴，尊师而重傅"②。中华典籍中尊师重道的例子很多，以《孟子》为例，《孟子》书中记载了孟子和学生乐正子的故事，乐正子来到齐国，只是因为"舍馆未定"晚见了一天孟子，便遭到了批评，孟子认为他没有把老师放在心上。即：

> 乐正子从于子敖之齐。乐正子见孟子。孟子曰："子亦来见我乎？"
>
> 曰："先生何为出此言也？"
>
> 曰："子来几日矣？"
>
> 曰："昔者。"
>
> 曰："昔者，则我出此言也，不亦宜乎？"
>
> 曰："舍馆未定。"
>
> 曰："子闻之也，舍馆定，然后求见长者乎？"
>
> 曰："克有罪。"③

---

① 《礼记·学记》。
② 《汉书·萧望之传第四十八》。
③ 《孟子·离娄上》。

不仅普通人要尊重老师，就是帝王也不能例外，《礼记》讲：

> 凡学之道，严师为难。师严然后道尊，道尊然后民知敬学。是故君之所不臣于其臣者二：当其为尸，则弗臣也；当其为师，则弗臣也。……大学之礼，虽诏于天子无北面，所以尊师也。①

《礼记》认为，尊敬老师才能重视老师所传授的道，天子也要尊敬老师。例如，根据礼制，天子召见自己的老师，应免去老师朝见君王的礼节，以彰显尊师重道。

在中华优秀传统文化上述理念的熏陶浸染下，尊师重道成为中华民族的优秀传统，重视教育、重视学习成为普遍的民族心理，正所谓："善国者，莫先育才；育才之方，莫先劝学"②"教化者，朝廷之先务；廉耻者，士人之美节；风俗者，天下之大事。朝廷有教化，则士人有廉耻；士人有廉耻，则天下有风俗"③。这种注重教化的理念为中华民族文化素质的提高和良好社会风气的形成起到了重要推动作用。

---

① 《礼记·学记》。
② 《范文正公集·卷九》。
③ 《日知录·卷十七·廉耻》。

第三章

人格修养层面中华优秀传统文化的核心理念（下）

中华优秀传统文化肯定人格修养之于人生的意义，以及个体在人格自我提升方面的潜力，并且为人规划了人格修养的目标和路径。在波澜不惊、平淡如常的生活中，去践行道德规范或许并不困难，在矛盾冲突、艰难困苦中依然能够保持内心的操守，才能真正彰显人格修养的境界。面对人生的矛盾冲突，中华优秀传统文化提供了哪些价值理念来帮助中国人在人生紧要关头做出抉择，是本章要论述的主题。这个主题是对第二章"人格修养"主题的进一步拓展。

一、对义与利的取舍

义与利，是中国思想史上的一对重要范畴，朱熹曰："义利之说乃儒者第一义。"[1]面对"义"与"利"之间的冲突，中华优秀传统文化的核心价值取向可以概括为：先义后利、重义轻利；见利思义、以义制利。

---

[1]《晦庵先生朱文公文集·卷二十四·与延平李先生书》。

（一）先义后利　重义轻利

孔子讲："君子喻于义，小人喻于利。"①即君子追求的是道义，小人追求的是利益。孟子亦曰："鸡鸣而起，孳孳为善者，舜之徒也；鸡鸣而起，孳孳为利者，跖之徒也。欲知舜与跖之分，无他，利与善之间也。"②在孟子看来，努力追求善的人就是舜一类的人，努力追求利的人就是跖一类的人，舜与跖之间的区别就在于人生志向的不同。可见，在儒学的视野中，有道德修养的人一定会把"义"摆在优先位置，即谓"先义而后利者荣，先利而后义者辱"③。反之，"以从俗为善，以货财为宝，以养生为己至道，是民德也"④，即随波逐流，追求财物，只想保全自己的身体，持这种价值取向的人只能被归于常人的行列。在这种价值取向下，儒家推崇的是在清贫中依然能够坚守内心志向的人。例如，孔子曾这样赞赏颜回：

> 贤哉，回也！一箪食，一瓢饮，在陋巷，人不堪其忧，回也不改其乐。⑤

---

① 《论语·里仁》。
② 《孟子·尽心上》。
③ 《荀子·荣辱》。
④ 《荀子·儒效》。
⑤ 《论语·雍也》。

颜回所"乐"为何？他乐的是吃不饱、穿不暖、居无定所吗？当然不是，他乐的是自己在如此困窘的生活局面下，仍然没有放弃精神上的追求。孔子自身也是这样的人，孔子自我评价说："饭疏食饮水，曲肱而枕之，乐亦在其中矣。不义而富且贵，于我如浮云。"①

在儒家先哲看来，先义后利、重义轻利，不仅对提升人格修养有意义，而且对为人处世、治国理政都有益处。孔子讲："无欲速，无见小利。欲速，则不达；见小利，则大事不成。"②即在做事的过程中，如果被眼前的利益迷惑住了双眼，那大事就办不成了。孔子还讲："放于利而行，多怨。"③即在人际交往的过程中，如果处处考虑自己的利益，就容易招来别人的怨恨，影响人际关系。对治理国家来说，亦是如此，例如，《孟子》一书开篇所记述的孟子与梁惠王的对话，就涉及到先义后利对国家治理的意义：

> 孟子见梁惠王。王曰："叟！不远千里而来，亦将有以利吾国乎？"
>
> 孟子对曰："王！何必曰利？亦有仁义而已矣。王曰：'何以利吾国？'大夫曰：'何以利吾家？'士庶人曰：'何以利吾身？'上下交征利而国危矣。万乘之国，弑其君者，

①《论语·述而》。
②《论语·子路》。
③《论语·里仁》。

必千乘之家；千乘之国，弑其君者，必百乘之家。万取千
焉，千取百焉，不为不多矣。苟为后义而先利，不夺不
餍。未有仁而遗其亲者也，未有义而后其君者也。王亦曰
仁义而已矣，何必曰利？”[①]

当梁惠王问孟子能给自己的国家带来什么样的利益时，孟子批
评了梁惠王的这种治国思路，孟子认为，如果治理国家以利益
为导向，便会导致上上下下都只关心利益，君主反而会因此失
去最大的利益。孟子举例说，夺取万乘之国政权的一定是千乘
之家，杀掉千乘之国国君的一定是百乘之家，万被千所取代，
千被百所取代，这样的事情发生得太多了，如果以利益为主
导来治国理政，必然会导致争夺混乱。反之，讲"仁"的人
绝不会遗弃自己的双亲，讲"义"的人从来不会怠慢自己的
君主，因此孟子认为，统治者若想维系住自己最根本的利益，
只要推崇仁义就可以了。总之，无论是从道德修养本身来看，
还是从追求长远的事功来看，儒学都倡导把仁义放在优先的
位置。

儒学认为，要想做到先义后利、重义轻利，应该从自觉
克制自身不必要的欲望入手。在儒家看来，一个人如果欲望过
多，那么在人格修养方面便很难达到较高的层次。例如，《论
语》记载了一个故事，有人向孔子提到"申枨"这个人，说这

---

①《孟子·梁惠王上》。

个人具备"刚"的品质，孔子却并不认同这个评价，他不认同的理由是因为"枨也欲，焉得刚"①，孔子认为申枨这个人欲望太多了，所以不相信他能够做到刚正。关于欲望过多会干扰人格修养这一点，孟子亦十分认同，孟子曰：

> 养心莫善于寡欲。其为人也寡欲，虽有不存焉者，寡矣；其为人也多欲，虽有存焉者，寡矣。②

在这段话中，孟子表达的看法是：修养心性最好的方法就是减少欲望。一个欲望不多的人即使善性有所丧失，也不会丧失太多；反之，一个欲望很多的人，善性即使有所保存，也不会保存太多。儒学的这些理念，后来在林则徐那里具化为一副对联，"海纳百川，有容乃大；壁立千仞，无欲则刚"，广为流传。

的确，人的欲望往往需要外界来满足，而要让外界来满足自己的欲望，很多时候就不得不放弃自己的原则和立场，不得不向外界妥协，进而便会影响到道德修养的提升。既然欲望泛滥会干扰道德提升，那么，面对利益的诱惑，应该如何遏制自身欲望呢？孟子这样来劝导人们，他说：

---

① 《论语·公冶长》。
② 《孟子·尽心下》。

> 饱乎仁义也，所以不愿人之膏粱之味也；令闻广誉
> 施于身，所以不愿人之文绣也。①

孟子的意思是，既然追求的是仁义，就不要再去羡慕别人吃得好了；既然看重的是拥有道德名声，就不要再去羡慕别人穿得好了。

在重义轻利、先义后利价值观念的主导下，儒学认为在提升道德修养的征途中，人不仅应该节制不必要的欲望，在一些极端情况下，甚至还须拿出"舍生取义"的勇气，如孔子曰："志士仁人，无求生以害仁，有杀身以成仁。"②孟子曰："鱼，我所欲也，熊掌，亦我所欲也；二者不可得兼，舍鱼而取熊掌者也。生亦我所欲也，义亦我所欲也；二者不可得兼，舍生而取义者也。生亦我所欲，所欲有甚于生者，故不为苟得也；死亦我所恶，所恶有甚于死者，故患有所不辟也。"③荀子曰："权利不能倾也，群众不能移也，天下不能荡也。生乎由是，死乎由是，夫是之谓德操。德操然后能定，能定然后能应。能定能应，夫是之谓成人。"④面对义利之间的冲突，杀身成仁、舍生取义可谓是儒学对其所倡导的义利观的最坚决的贯彻。儒学的这种价值取向在中国历史发展进程中，为中华民族坚守气节和

---

① 《孟子·告子上》。
② 《论语·卫灵公》。
③ 《孟子·告子上》。
④ 《荀子·劝学》。

操守提供了强大的精神支撑。

（二）见利思义　以义制利

毫无疑问，先义后利、重义轻利是中华优秀传统文化处理义利关系的主流价值取向。那么，在中华优秀传统文化的价值体系中，先义后利、重义轻利是否意味着要求人摈弃一切利益呢？当然不是，"重义轻利、先义后利"指的是在义利发生冲突时的抉择。如果义利不冲突，那么完全可以要利益。

事实上，儒家并不讳言"利"。例如：孔子承认"富与贵，是人之所欲也……贫与贱，是人之所恶也"[1]；荀子认为"好利恶害，是君子、小人之所同也"[2]；汉代大儒董仲舒也讲过："利以养其体，义以养其心。心不得义，不能乐；体不得利，不能安。义者，心之养也；利者，体之养也。"[3]这些言论都表明，人追求正当利益是无可厚非的。孔子甚至讲过：

> 富而可求也，虽执鞭之士，吾亦为之。如不可求，从吾所好。[4]

---

① 《论语·里仁》。
② 《荀子·荣辱》。
③ 《春秋繁露·身之养重于义》。
④ 《论语·述而》。

孔子表示，如果富贵可以通过正当的手段来得到，那么即使做个看大门的，他也愿意，如果不能用正当的方式得到富贵，那就舍弃富贵来坚守内心的道义。在孔子的视野中，贫穷并不等于正义，富贵也并非意味着"不义"，当有人和孔子探讨"贫穷好还是富贵好"时，孔子表示这不能一概而论，孔子说：

> 邦有道，贫且贱焉，耻也；邦无道，富且贵焉，耻也。[①]

孔子认为，如果在国家政治清明的情况下，一个人却生活得又穷又没有地位，那是耻辱，说明这个人不是一个有才德的人；反之，如果在国家政治黑暗的情况下，一个人却生活得又有财富又有地位，那也是耻辱，说明这个人也是个同流合污的小人。可见，在孔子看来，是否正义不在于贫穷还是富贵，而在于因为什么原因贫贱，又是在什么情况下获得的富贵。在这方面，孟子也有相应的表述，当孟子的学生公孙丑问孟子"仕而不受禄，古之道乎"[②]，即有道德的人只做事而不拿俸禄，符合古道吗？孟子明确回答说："非也。"孟子讲：

> 非其道，则一箪食不可受于人；如其道，则舜受尧

---

① 《论语·泰伯》。
② 《孟子·公孙丑下》。

之天下，不以为泰——子以为泰乎？ ①

在孟子看来，如果不符合道义，那一顿饭也不能白吃人家的，如果符合道义，那舜从尧那里得到天下，也不过分。

　　儒学不仅认为个体应该获得正当利益，而且认为对于国家治理来说，也应该首先确保老百姓最基本的物质利益，对老百姓的道德教化应该建立在让老百姓吃饱穿暖的基础上。例如，据《论语》记载，孔子到卫国去，他的学生冉有为他驾马车，师徒二人有了下面一番对话：

　　　　子适卫，冉有仆。子曰："庶矣哉！"
　　　　冉有曰："既庶矣，又何加焉？"
　　　　曰："富之。"曰："既富矣，又何加焉？"曰："教之。"②

可见，孔子认为在治理民众时，首先应"富之"，然后才是"教之"，要在富裕的基础上再对老百姓施行教化。再例如，孟子在劝导齐宣王施行仁政时，同样是建议先采取经济措施保障人民安居乐业，孟子曰：

　　　　明君制民之产，必使仰足以事父母，俯足以畜妻子，

_____

① 《孟子·滕文公下》。
② 《论语·子路》。

乐岁终身饱，凶年免于死亡；然后驱而之善，故民之从之也轻。

今也制民之产，仰不足以事父母，俯不足以畜妻子；乐岁终身苦，凶年不免于死亡。此惟救死而恐不赡，奚暇治礼义哉！①

孟子指出：英明的君主会为老百姓提供基本的物质保障，让他们足以赡养父母，足以抚养妻儿；遇到好年成，就能丰衣足食；遇到坏年成，也不致饿死。在此基础上再引导百姓向善，百姓也就很容易地听从了。否则，如果百姓连活命都顾不上，哪有功夫学习礼义呢？

总之，儒学所崇尚的"先义后利、重义轻利"的关键点不在于要不要"利"、要多大"利"，而在于所要之"利"是否符合"义"，正所谓"穷不失义，达不离道"②"畏患而不避义死，欲利而不为所非"③。以"义"为旨归，将"利"统一到"义"的旗帜下，这是儒学影响下的中华优秀传统文化在义利关系问题上所持有的主流价值取向。

---

① 《孟子·梁惠王上》。
② 《孟子·尽心上》。
③ 《荀子·不苟》。

二、对外界评价的认知

人生在世，我们对自己有期许，外界对我们也有评价，当外界评价明显低于自我期许时，很多人都会感到苦恼和困惑。我们应该如何去面对这种差距呢？如何对待外界评价，同如何处理义利关系一样是彰显人生道德境界的重要向度。对此，中华优秀传统文化可以提供给我们一些有益的启示。

（一）重视外界评价

《论语》开篇即曰："学而时习之，不亦说乎？有朋自远方来，不亦乐乎？人不知，而不愠，不亦君子乎？"[①]"有朋自远方来"确实是一件让人开心的事，这说明有人认可自己，有和自己志同道合的人。但是，如果没有呢？孔子认为，仍然应该做到"人不知，而不愠"，即别人不理解"我"，"我"却不恼怒，这是君子的风度。

孔子为什么会持这样的见解呢？是因为孔子不看重外界评

---

① 《论语·学而》。

价吗？不是的，孔子曾经说："君子疾没世而名不称焉。"①孔子认为，君子最担心的就是终其一生也没有获得为后世所称道的名声。在与学生子路、颜渊一起谈论各自志向的时候，孔子做了这样的表达："老者安之，朋友信之，少者怀之。"②这句话中的"少者怀之"意思是让年轻人怀念自己，孔子希望能通过自己一生的所作所为，留下一个值得后人怀念的名声。

从上述例子中，可以感受到孔子在乎外界评价，但既然如此，为什么孔子还能讲出"人不知而不愠"的观点呢？那是因为孔子所追求的不是一时的名声，在孔子看来，对外界一时的不认可无须过多关注，有道德志向的人所追求的名声应该基于自身对社会的长远贡献，应该在乎的是能否给后世留下长久的价值。而能否给后世留下长久的价值，则主要取决于自身的真实素质。所以，人应该把关注的目光集中在自身素质的提升上，因而，孔子说：

> 不患无位，患所以立。不患莫己知，求为可知也。③

孔子认为，无须担心自己没有职位，而应该担心自己的才华是否能配得上这个职位；无须担心别人不了解、不认可自己，而应该去追求值得别人了解和认可的本领。在孔子看来，如果一

① 《论语·卫灵公》。
② 《论语·公冶长》。
③ 《论语·里仁》。

个人的素质足够优秀，那么被外界了解、认可是迟早的事。例如，孔子在评价学生仲弓时，说了这样一段话。他讲："犁牛之子骍且角，虽欲勿用，山川其舍诸？"[①]这句话中的"犁牛之子"指的是耕地的牛生的小牛，这头小牛因为是耕地的牛所生，所以出身并不高贵，但是尽管如此，它的自身素质却非常好，长着赤色的毛、整齐的角。孔子说这时如果有人因为它出身不高贵而不想用它祭祀，难道山川之神会舍弃它吗？言外之意是，这头小牛自身的素质是如此出众，山川之神是不会舍弃它的。即，是金子总会发光的，无须着急。基于这样的信念，孔子讲："君子病无能焉，不病人之不己知也。"[②]即君子以自己没有能力为"病"，不以别人不了解、不认可自己为"病"。关于这一理念，荀子也有过类似的表达：

> 昔者瓠巴鼓瑟而流鱼出听，伯牙鼓琴而六马仰秣。故声无小而不闻，行无隐而不形；玉在山而草木润，渊生珠而崖不枯。为善不积邪，安有不闻者乎？[③]

荀子举了一系列例子：以前瓠巴弹瑟的时候，水底的鱼儿就会浮到水面倾听；伯牙鼓琴的时候，拉车的马儿就会仰头停食来听。所以声音再细小也不要担心没人听见，行动再隐蔽也总会

---

① 《论语·雍也》。
② 《论语·卫灵公》。
③ 《荀子·劝学》。

表现出来。山上如果藏着宝玉，那么山上的草木自然就滋润有光泽；深渊里如果有珍珠，那么四周崖岸就不会干枯。坚持去积累善行吧，一定有声名显扬的一天。因此，荀子鼓励有志向的人做好内在修养，努力提升自身，要相信被外界了解、认可是早晚的事，即谓："君子务修其内而让之于外，务积德于身而处之以遵道，如是，则贵名起如日月，天下应之如雷霆。"①

　　总之，儒学看重外界评价，对通过提升自身素质、用自身对社会的贡献来赢得社会认可充满信心，并鼓舞人们为之去奋斗。

（二）豁达看待外界评价

　　儒学看重外界评价，但是儒学又不执着于外界评价。儒家先哲认识到，外界评价尽管很重要，但终归也只是一种"说法"，这种说法未必就完全客观，"有不虞之誉，有求全之毁"②，有意想不到的赞誉，也有求全责备的诋毁。孟子讲"我四十不动心"③，"不动心"指的是内心有定力，不再因外界的毁誉而受到干扰。以下一段话能代表孟子的这一想法，孟子说：

　　　　人知之，亦嚣嚣；人不知，亦嚣嚣。……得志，泽

---

① 《荀子·儒效》。
② 《孟子·离娄上》。
③ 《孟子·公孙丑下》。

加于民；不得志，修身见于世。穷则独善其身，达则兼善
天下。①

在这段话中，孟子讲道："别人认可我，我自得其乐，别人不
认可我，我也自得其乐。如果有幸能够得到认可，获得施展抱
负的机会，那就带领更多人去追求仁义，如果得不到认可，没
有施展才华的机会，那就做好我自己。"这就是儒家的可贵之
处，他们注重社会评价，期待好的名声，但是绝不会为了一个
好的名声而牺牲掉内心的气节和操守。

　　对于自身与外界评价之间的关系，儒家有清醒的认识，例
如，荀子便把君子能掌控的事情和君子掌控不了的事情做了一
个区分：

　　　　士君子之所能不能为：君子能为可贵，不能使人必
　　贵己；能为可信，不能使人必信己；能为可用，不能使人
　　必用己。故君子耻不修，不耻见污；耻不信，不耻不见
　　信；耻不能，不耻不见用。②

荀子指出：有些事，士君子能控制；有些事，士君子控制不了。
士君子能做值得别人尊重的事，但是却没有办法要求别人一定

---

① 《孟子·尽心上》。
② 《荀子·非十二子》。

尊重自己；士君子能做值得别人信任的事，但是却没有办法要求别人一定信任自己；士君子能具备值得君主任用的能力，但是却没有办法保证君主一定任用自己。君子以自己修养不够为羞耻，不以被人侮辱为羞耻；君子以不值得别人信任为羞耻，不以不被别人信任为羞耻；君子以自己没有能力为羞耻，不以不被任用为羞耻。不被外界的荣誉所诱惑，不因为别人的诽谤而恐惧，坚持做自己该做的事情，这就是真正的君子。荀子又讲：

> 知莫大乎弃疑，行莫大乎无过，事莫大乎无悔。事至无悔而止矣，成不可必也。[①]

在荀子看来，对于求知来说，最好的境界就是解决了所有的疑问；对于行为来说，最好的状态就是没有过错；对于做事情来说，最好的结局就是没有后悔。做事做到无悔就够了，至于最终结果如何、外界是否认可，就不必过于苛求了，正所谓"岂能尽如人意，但求无愧我心"。

以上观点代表了儒家面对外界评价时的基本价值取向，其既积极进取、务实理性，又豁达通透，是中华传统文化中的优秀理念。

---

① 《荀子·议兵》。

三、对人生境遇的觉解

人生境遇起起伏伏，有顺境也有逆境，如何看待这种变化，如何应对不同的人生境遇，是每个人都要面对的重大人生课题。关于这些问题，中华先哲曾做过深入的思考，其思维成果是中华优秀传统文化的重要组成部分。

（一）以"时"的视野理解人生境遇的变化流转

"时"，按照《说文解字》的解释，其本义为季节、时间，"时，四时也。从日，寺声"。时间不是静止的存在，而是变动不居的存在，因而，"时"也就意味着"变"，进而"时"可以引申为机遇、时机等意，它指向的是开放性和变动性。以"时"的视野来理解宇宙、社会、人生，是中华传统文化的一大特色。以《周易》为例，在一定意义上，《周易》堪称是一部"时"的哲学，它处处以"时"的智慧回应社会人生，认为万事万物都要以一定的"时"为背景才能得以展现，万事万物会根据不同的"时"而呈现出不同的情状。六十四卦的卦画就是六十四种"时"的符示，象征着阴阳、刚柔在不同"时"下的交感、应合，即谓："六爻相杂，唯其时物也。"①在一定意义上，正因为《周易》处处突显出的"时"的精妙智慧，才使其不再是一部单纯地引导人趋吉避凶的卜筮之书，而成为一部富有学术魅力和人生智慧的哲学著作。

　　以"时"的视野来考察人的生存方式，则每一个"具体的人"都生活在"具体的时"之中，都是特定时空中的存在。在这个特定的时空中，与"我"同时存在的，还有其他人、其他物。这些"人"与"物"均独立于"我"之外，均不以"我"的意志为转移。而且，这些独立于"我"的因素，包括"我"在内，都处于不断的运动变化之中，在不断运动变化的过程中，这些因素之间还会产生互动消长的关系，这种互动消长的关系也不以"我"的意志为转移。这种种不以我的意志为转移的因素以及因素间的互动消长就构成了不以"我"的意志为转移的种种情状，这就是"我"所处的人生之"时"。作为个体的"我"与"时"遭遇之后，也会参与到这种错综复杂的互动消长之中，其对"我"所造成的影响，那就是"遇"。这就是我们人生时遇也即人生境遇的真相。当"我"所处"时遇"中的诸要素以及要素之间的配合，大部分都有利于"我"正在进行的活动时，"我"就会感觉很顺利，这就是顺境；当"我"所处"时遇"中的诸要素以及要素之间的配合，不利于"我"正在开展的活动时，这就是逆境。

———————

① 《周易·系辞下传》。

以这种"时"的视野来分析人生境遇，就会发现：人无法选择自己的人生境遇，顺境、逆境都不可避免。因为在构成人生境遇的诸多因素中，"我"只占其中很小的一部分，其它大多数因素都不以"我"的意志为转移，"生不逢时"或"生逢其时"完全由不得自己做主，正如古诗中所写的那样："欲渡黄河冰塞川，将登太行雪满山""屋漏更遭连夜雨，船迟又遇打头风"等。人不仅无法选择自己的人生境遇，而且无处逃避，因为我们一出生就被置于了特定的宇宙与社会人生之"时"中。无法选择、不能逃避，这是"时"的视野在人生境遇问题上给我们的两点提示。

除了这两点之外，由于与"我"处于同一时空中的诸多因素以及因素之间的互动消长在变化，"我"也在变化，所以人生境遇不是一成不变的。"时"从根本上指向的是开放性和变动性，"时"的奇妙之处就在于，它处于不断地变化流转之中。这就意味着顺境有可能变成逆境，逆境也有可能变成顺境。"变化流转"是除"无法选择"和"无法逃避"之外，人生境遇所具备的更重要的特点，也恰恰是因为这个特点，人的主观能动性才有了施展的余地。

（二）与"时"俱进

按照中华传统文化"时"的哲学，人做任何事情，都处于既定的"时"之中，对此，人没有选择的自由，逃避也没有出路，人只有明了自身所处的时遇，丢掉不切实际的幻想，合理调整对策，勇敢地直面并适切地回应，"时止则止，时行则行，动静不失其时"①，才有望达成人生目标。

1. 理性应对顺境

当人生处于顺境之时，"时"的哲学认为人应抓住机遇，乘势快上。为什么要乘势快上呢？那是因为"时"处于不断地变化流转中，顺境不可能一成不变，应该清醒地意识到：此时确实处于较为理想的状态，但是未来所迎来的却未必仍然如此顺利，所以要百倍珍惜、充分利用当下难得的机遇，来开拓人生的发展空间，所以，顺境时要乘势快上，不能错过机遇。

但是，在乘势快上的过程中，"时"的哲学又提醒人们不可以得意忘形，不能冒进。例如，《老子》便告诫人们：

> 企者不立；跨者不行；自见者不明；自是者不彰；自伐者无功；自矜者不长。其在道也，曰：余食赘行，物或恶之，故有道者不处。②

《老子》指出：踮着脚尖站的人，试图比别人站得更高一些，但坚持不了多久就会站不住了；甩着大腿往前跑的人，试图比

---

① 《周易·艮》。
② 《老子》第二十四章。

别人跑得更快一些，但跑不了多久就会跑不动了；热衷于自我表现的人就看不清别人了；自以为是的人、自我夸耀的人、自己觉得自己了不起的人，功劳反倒不会彰显和长久。这段话中的"企者""跨者""自见者""自是者""自伐者""自矜者"都可以看作是以冒进方式做事的人，这种做事方式在《老子》看来不是正确的方式，《老子》称其为"余食赘行"，认为其不符合"道"的要求。《老子》还举例说：

> 飘风不终朝，骤雨不终日。孰为此者？天地。天地尚不能久，而况于人乎？①

这段话中的"飘风"，指的是刮得很急的风，"骤雨"指的是下得很急的雨，是谁刮的飘风、下的骤雨呢？是天地。《老子》指出，天地以这种疾风骤雨的方式做事，尚且不能长久，何况不如天地的人呢？言外之意，人试图用飘风骤雨的方式做事，也是行不通的。

　　此外，在抓住机遇、乘势快上的过程中，忧患意识也必不可少。因为按照"时"的哲学，顺境和逆境有变化流转的可能，所以处于顺境中的人们应及时发现由顺转逆的端倪，并做好预防。关于这一理念，《老子》有两段话说得很透彻：

————————

① 《老子》第二十三章。

> 图难于其易，为大于其细；天下难事，必作于易，天下大事，必作于细。是以圣人终不为大，故能成其大。夫轻诺必寡信，多易必多难。是以圣人犹难之，故终无难矣。[①]

即解决困难要从容易的地方着手，做大事情要从细小的地方入手；天下的难事，都是从简易开始的；天下的大事，都是从细小开始的。

> 其安易持，其未兆易谋。其脆易泮，其微易散。为之于未有，治之于未乱。合抱之木，生于毫末；九层之台，起于累土；千里之行，始于足下。民之从事，常于几成而败之。慎终如始，则无败事。[②]

即事物稳定时，容易掌握；事物还没有出现变化的迹象时，容易图谋；事物脆弱时容易消解；事物还微小时，容易打散。要在事情还没有发生变化时就把它做好，要在混乱还没有产生时就把它治理好。

以上两段话所透露出的是未雨绸缪、树立起忧患意识的理念，这种思路是中华优秀传统文化留给我们应对人生顺境的宝

---

① 《老子》第六十三章。
② 《老子》第六十四章。

贵智慧。

2.理性应对逆境

当人生处于逆境时，按照"时"的哲学，人首先应该做到的便是涵养豁达的心境，并积蓄力量。之所以要首先涵养豁达的心境，是因为这个时候"时遇"不济，诸因素都不利于"我"正在做的事情，如果轻举妄动反倒容易招来失败；过多的忧心焦虑也没有用处，只会徒增痛苦，因为构成"时遇"的诸多因素以及因素间的互动消长不以"我"的意志为转移，所以，这时候要看得开。

但是，需要注意的一点是，涵养豁达的心境并非束手无策、坐以待毙，并不是让大家什么也不干，而是应该把对外界的注意力转移到自己能够掌控的事情上来，默默积蓄力量。因为顺境、逆境会流转，现在是逆境，将来迎来的未必还是逆境，所以应该理智地面对，坦然地承受，并以足够的耐心和智慧，透过自身切实的努力，发现机遇，化不利为有利，为未来的转机做好准备，这样将来才有可能再次迎来人生的辉煌。大家耳熟能详的"卧薪尝胆"的故事讲的就是这个道理，《史记》记载：

> 越王勾践反国，乃苦身焦思，置胆于坐，坐卧即仰胆，饮食亦尝胆也，曰："女忘会稽之耻邪？"身自耕作，夫人自织，食不加肉，衣不重采，折节下贤人，厚遇宾

客，振贫吊死，与百姓同其劳……其后四年，越复伐吴，吴士民罢弊，轻锐尽死于齐、晋。而越大破吴，因而留围之三年，吴师败，越遂复栖吴王于姑苏之山。①

越王勾践战败之后所做的事情，可以看作是对中华传统"时"的智慧的应用。"身自耕作，夫人自织，食不加肉，衣不重采，折节下贤人，厚遇宾客，振贫吊死，与百姓同其劳"就是在默默积蓄力量。有时候，暂时的困难，反倒是锤炼人品质、磨练人心志、增长人能力的契机，是达致成功的必由之路。正如孔子所言："岁寒，然后知松柏之后凋也。"②即松柏的生命力恰恰是经过严冬的考验才得以显现出来。孟子有段话也很好地表达了逆境对人生的价值，孟子曰：

> 人之有德慧术知者，恒存乎疢疾。独孤臣孽子，其操心也危，其虑患也深，故达。③

孟子在这段话中举了孤臣孽子的例子，"孤臣"指的是在朝廷中没有背景的大臣，"孽子"指的是小老婆生的孩子，这两类人处境都不好，但正是因为处境不好，所以他们处处小心、深思熟虑，最后有所成就的反倒是这一部分人。这正所谓"生于

① 《史记·越王勾践世家第十一》。

② 《论语·子罕》。

③ 《孟子·尽心上》。

忧患，而死于安乐也"[1]。

那么，在逆境中最忌讳的是什么呢？在中华先哲看来，那就是怨天尤人，自暴自弃。孔子讲："不怨天，不尤人。"[2]荀子进一步解释说："怨人者穷，怨天者无志。失之己，反之人，岂不迂乎哉！"[3]在荀子看来：遇到困难，越去埋怨别人，越无路可走；埋怨上天是没有志气的表现，明明自己做的还不够，却去怨天尤人，不是绕远了吗？

总之，面对逆境，"时"的视野和智慧传达给我们的理念是：如果消极被动，那逆境很可能就是人生的终局，而如果能够乐观地去面对它，适切地去回应它，从中总结教训、积蓄力量，那么逆境就是我们人生的转机，很可能会因此而迎来更大的成功。这种理念在中国历史进程中发挥了积极的影响，为培育中华民族坚韧不拔、积极乐观的民族精神提供了滋养，做出了贡献。

综上所述，以"时"的视野去观照人生境遇，突出的是一个"变"字，顺境和逆境尽管不能选择，但是它们之间却可以变化流转，人应该根据变化了的"时"来调整自己的行为，与时俱进，做出恰当的回应。这种回应是一种挺立人之主体性的回应，是一个变被动为主动的过程。在这一过程中，只有那些能丢掉幻想、有智慧、有能力、能洞悉"时"、能牢牢地把握

---

① 《孟子·告子下》。

② 《论语·宪问》。

③ 《荀子·荣辱》。

并驾驭好"时"即能够与时俱进的人才能化险为夷,迎来成功的人生,即谓"知几其神乎……几者,动之微……君子见几而作,不俟终日"[①]"上下无常,非为邪也;进退无恒,非离群也。君子进德修业,欲及时也"[②]。

(三)知天命 尽人事

"命运"可谓特殊的人生境遇,人生境遇虽然能够变化流转,但是落实到具体的"人"身上,在诸多因素的综合作用下,确实存在着一部分人生境遇在个体有生之年难以发生实质改变,个体无论如何也挣脱不了。对于人生境遇中的这一部分,人们往往将其归之为"命运"。在命运面前,人何去何从,同样彰显着人生境界的高低。关于命运,中华先哲曾经做过细致详尽的思考,给我们留下了宝贵的精神财富。其中,儒家的命运观,既理性务实又积极进取,是中华传统命运观的精华。

儒家承认命运的存在,在儒家看来,"莫之为而为者,天也;莫之致而至者,命也"[③],人无心去做却做成了,这是天意;而不请自来的,就是命运。据《论语》记载:

> 伯牛有疾,子问之,自牖执其手,曰:"亡之,命矣

---

① 《周易·系辞下传》。

② 《周易·乾》。

③ 《孟子·万章上》。

夫！斯人也而有斯疾也！斯人也而有斯疾也！"[1]

当孔子的学生伯牛病重的时候，孔子去探望他，在窗户边抓着伯牛的手感叹说："这是命运要夺走伯牛的生命啊，像伯牛这么好的人怎么也会得这样的疾病呢？"可见，当孔子对一个人的遭遇感到困惑不解时，他用到了"命"这个词。关于"命运"，儒家还说过"死生有命，富贵在天"[2]，即认为个人的生死和富贵是由"命"决定的；儒家还讲过"莫非命也，顺受其正"[3]，即认为一切都是命运的安排，对"正命"应该顺从；儒家还提出"求之有道，得之有命"[4]，意思是人可以去追求，但能不能追求到，就要看"命"了。从儒学关于"命运"的上述表述中，我们能够感受到，在儒学的视野中，命运与人的行为是两分的，命运与人的德性好坏关系不大，对于它的发生，人无法去干涉；而对于它的结果，人却必须去承受。

　　如果儒学的"命运"观，仅仅止步于此的话，那么，这种命运观确实是很消极的。儒家的这些观点曾受到过墨子激烈地批判，墨子称"有命论"是"暴人之道"，他提出了"非命"的主张，墨子讲：

---

① 《论语·雍也》。
② 《论语·颜渊》。
③ 《孟子·尽心上》。
④ 《孟子·尽心上》。

　　然则何以知命之为暴人之道？昔上世之穷民，贪于饮食，惰于从事，是以衣食之财不足，而饥寒冻馁之忧至，不知曰"我罢不肖，从事不疾"，必曰"我命固且贫"。昔上世暴王不忍其耳目之淫、心涂之辟，不顺其亲戚，遂以亡失国家，倾覆社稷，不知曰"我罢不肖，为政不善"，必曰"吾命固失之"。[1]

墨子列举了"穷民"和"暴王"的例子，"穷民"好吃懒做却相信命运，在"衣食之财不足、饥寒冻馁"面前，不是去反省自己的疲弱无能、做事不勤快，而是抱怨自己命中注定贫穷；"暴王"心术邪僻却相信命运，在国破家亡、社稷倾覆的局面前，不是去克制自己的奢欲、反省自己的疲弱无能和为政不善，而是抱怨自己命中注定就该丧失掉政权。墨子认为这种"有命论"会让人放弃努力，会让人消极被动，会让人降低对自己道德和行为的要求，所以，他认为"有命论"的害处实在是太大了，墨子讲到："执有命者之言不可不非，此天下之大害也。"[2]

　　客观地说，如果儒学的"有命论"最终走向的是"宿命论"，那么，墨子的批判确实不过分。但是儒学的"有命论"并非宿命论，恰恰相反，儒学的"有命论"指向的是积极进取

———————
① 《墨子·非命上》。
② 《墨子·非命上》。

的人生，并且能给奋斗之后求而不得的人们以安慰。为什么这么说呢？让我们结合儒学原典来作一番分析。

其一，知天命。

在儒学看来，人虽然不能选择命运，但是，人却可以发挥主观能动性，了解自己的命运，这就是"知命"。"知命"在儒学视野中，是成为君子的必备条件。孔子讲：

> 不知命，无以为君子也；不知礼，无以立也；不知言，无以知人也。①

那如何才能够"知命"呢？孔子有一段现身说法，孔子说：

> 吾十有五而志于学，三十而立，四十而不惑，五十而知天命，六十而耳顺，七十而从心所欲，不逾矩。②

孔子讲到自己"五十而知天命"，这里的"知天命"大致可以包含两层含义，一层是知"禄命"，一层是知"德命"，所谓"禄命"也就是我们日常生活中所说的生死富贵、吉凶祸福之命；所谓"德命"，主要指人所肩负的道德使命。孔子说自己

---

① 《论语·尧曰》。
② 《论语·为政》。

"五十而知天命"，对此，我们不应该理解成孔子到了五十岁就变成了"神算子"具备了预知未来吉凶祸福的超能力，而应该理解成孔子从"十有五而志于学"开始，通过多年的学习和人生探索，对自身有了真正的了解，了解到哪些是自己有能力把握的，哪些是自己没有能力把握的。从而对"禄命"有了更豁达的看法，对"德命"有了更清醒的认识和更坚定的信心。这样一来，心境更加平和，到了七十岁就可以在自己命运许可的范围内获得相对程度的自由，这种自由也就是"从心所欲"而又"不逾矩"的自由。

可见，儒学认识到了每个人的人生都是有边界的，世界的运行不可能完全配合人的主观意志，人并非无所不能，那些人生中无论如何也突破不了的障碍就是人生的界限，就可以称之为命运。"知命"的过程是一个不断认识自己、不断探索人生边界的过程，是明确自己应该做什么、能够做到什么的过程。这本身就是一个发挥主观能动性的过程。

其二，尽人事。

通过上述分析可知，孔子的"知命"包含着探索人生界限，厘清人生可控范围的意蕴。关于人生的可控范围，下面这段孟子的说法更为明确，孟子曰：

> 求则得之，舍则失之，是求有益于得也，求在我者也。

求之有道，得之有命，是求无益于得也，求在外者也。①

孟子把人生中的事情分成了两类，一类是"求在我者"，也就是人生中自己能掌控的那一部分，对于这一部分，追求就能得到，放弃就得不到；还有一类是"求在外者"，对于这一部分，可以去追求，但是能否追求到，人自身就掌控不了。

在儒学的视野中，究竟哪些事情属于"求在我者"，哪些事情属于"求在外者"呢？提升自身的道德水平，尽到自身对人伦社会的责任和义务，毫无疑问属于"求在我者"的范畴。孔子所讲的"为仁由己"②"我欲仁，斯仁至矣"③"君子求诸己"④，孟子所认可的"人皆可以为尧舜"⑤，荀子所讲的"涂之人可以为禹"⑥所表达的思想主旨均是：道德修养的提升完全取决于自身的选择和努力，而与贫富贵贱等外在的限制没有关系。无论环境如何，对有志于追求道德提升的人来说，都不是限制，"造次必于是，颠沛必于是"⑦"得志，泽加于民；不得志，修身见于世。穷则独善其身，达则兼善天下"⑧。

———————

① 《孟子·尽心上》。
② 《论语·颜渊》。
③ 《论语·述而》。
④ 《论语·卫灵公》。
⑤ 《孟子·告子下》。
⑥ 《荀子·性恶》。
⑦ 《论语·里仁》。
⑧ 《孟子·尽心上》。

　　而道德人格的完善、做人的责任和义务的完成，这恰恰是儒学最看重的东西，远比生死、富贵重要得多。对于那些放弃"求在我者"的人，孟子称其为"自暴自弃"。对这些自暴自弃之人，孟子感到非常的遗憾，他举了一个例子表达了这种心情，孟子讲："今有无名之指屈而不信，非疾痛害事也，如有能信之者，则不远秦楚之路，为指之不若人也。指不若人，则知恶之；心不若人，则不知恶，此之谓不知类也。"①这段话的意思是，现在的人即使只是无名指弯曲伸不直，算不上病痛，也不妨碍做事，但是如果此人知道有医生能医好他的手指头，那么即使医生在秦国、楚国那么远的地方，他也一定会去治疗，之所以不辞劳苦去治疗，是因为他觉得自己的手指头长得没有别人得好。孟子由此感慨道：一个无关紧要的无名指生了毛病，还知道去治疗，良心不如别人了，却不知道嫌恶，真是不知轻重。

　　综上所述，在儒家看来，提升自身的道德水平，尽到自己对人伦社会的责任和义务，这些属于"求在我者"的事情，是应该坚持下去的。

　　即使对于"求在外者"，儒学的命运观也绝不是让人听之任之、无所作为。因为，究竟哪些人生追求属于"求在外者"，这个问题本身具体到每一个人身上情况都不相同，对于每个具体的人来说，只能通过该个体不断地人生实践，积极进行尝

---

① 《孟子·告子上》。

试、探索才有可能了解清楚该个体的"求在外者"。这就意味着对每个个体来说，只有经过"求之有道"的努力，即先按照该争取的方式去争取，然后才有资格谈"得之有命"。孟子曾提出一个命题，叫做"无义无命"[①]，"义"主要有两层含义，一是通"宜"，即恰当、适合的意思，另一层意思是指符合道德原则。基于此，"无义无命"可以理解成：一个人只有做出合乎道德的且适当的选择和行为时，所遭遇到的结果才能称之为"命"，这种"命"才是人应该坦然接受的"正命"。对此，孟子举了一个例子：

> 知命者不立乎严墙之下。尽其道而死者，正命也；桎梏死者，非正命也。[②]

孟子认为，如果明明知道是一段危墙，不去尽力躲避，反而偏偏要站在下面，结果被砸死了，这就不是"正命"；同样的，若是因为作奸犯科、违反法律被"桎梏"而死，那也不是"正命"，这都属于没有"尽其道"。可见，尽管孟子讲过"莫非命也"，但是他让人顺从的命运，是"正命"、"义命"，而不是对一切都听之任之的"宿命"。《孟子》书中记载了一个"沧浪之水"的典故就表明了孟子的这一观点：

---

① 《孟子·万章上》。
② 《孟子·尽心上》。

> 有孺子歌曰："沧浪之水清兮，可以濯我缨；沧浪之
> 水浊兮，可以濯我足。"孔子曰："小子听之！清斯濯缨，
> 浊斯濯足矣。自取之也。"①

在这里，孟子引述了孔子的话，当孔子听到小孩子唱的儿歌
"沧浪之水清兮，可以濯我缨；沧浪之水浊兮，可以濯我足"
时，便对学生感慨道：清水就可以用来洗帽子，脏水只能用来
洗双脚，水的用途不同，是由水自身特性的差异所造成的。孟
子在转述孔子这段对话之后，做了进一步的解释：

> 夫人必自侮，然后人侮之；家必自毁，而后人毁之；
> 国必自伐，而后人伐之。《太甲》曰："天作孽，犹可违；
> 自作孽，不可活。"此之谓也。②

可见，在孟子看来，人生所遭遇一些不如人意的事情，其中有
很大一部分原因在于自身做得还不够好，他引用《尚书·太
甲》中的话语来说明放弃自身责任，而把一切都归结于上天是
没有道理的。孟子甚至讲："祸福无不自己求之者"③，即祸福都
是自己造成的。

　　其实，即使人生中许多看似"命中注定"的遗憾，在儒家

---

① 《孟子·离娄上》。
② 《孟子·离娄上》。
③ 《孟子·公孙丑上》。

先哲看来，也可以在一定程度上通过后天努力来改善。《论语》中有一个例子：

> 司马牛忧曰："人皆有兄弟，我独亡。"子夏曰："商闻之矣：死生有命，富贵在天。君子敬而无失，与人恭而有礼。四海之内，皆兄弟也。君子何患乎无兄弟也?"[1]

当司马牛向子夏感叹自己没有兄弟很孤独时，承认"死生有命、富贵在天"的子夏却劝导他说：君子认真做事不要有过失，与人交往恭敬有礼节，那么就可以通过广交朋友来弥补没有兄弟的缺憾。只有在人的主观努力全部尽到之后，还仍然不能如人所愿时，儒家迫不得已才归于"命"，如孟子在评价孔子时便曾说："孔子进以礼，退以义，得之不得曰'有命'。"[2]即孔子只有在尽到礼、义的努力之后，不得已才会归之为命运的安排，而绝非让人一开始便放弃努力，听任命运的摆布。总之，儒学"听天命"的前提是"尽人事"。

　　前文提到，墨子反对儒家的"有命论"，儒、墨两派的观点看似针锋相对，实际上却有共同点，二者其实都强调人的努力，只不过墨子对人的能力更有信心，他是理想主义者，他坚信只要人努力，只要人做事符合天道，天就一定会回报给人以

---

① 《论语·颜渊》。
② 《孟子·万章上》。

好的结果。而儒家却是现实主义者，儒家认识到了人能力的有限性，认识到了人的决心、人的行为与所追求的结果之间并不存在必然的因果关系，事情的发展总存在着人力难以企及的地方。儒家没有因为承认命运而否定人的自主能力，也没有因为人的自主能力而否认命运对人生造成的限制。儒家的"有命论"实际上为"努力了没有收获、争取了却没有结果"等这类人生遗憾提供了一种解释、一种安慰，这种解释、这种安慰能让人在努力争取之后拥有一份豁达，帮助人们持守内心的平和。荀子的一段话可以很好地概括儒学面对命运的态度，荀子说：

> 夫贤不肖者，材也；为不为者，人也；遇不遇者，时也；死生者，命也。今有其人不遇其时，虽贤，其能行乎？苟遇其时，何难之有？故君子博学、深谋、修身、端行以俟其时。①

在荀子看来，一个人先天素质如何、有没有机会获得赏识、寿命长短等很大程度上取决于时遇即命运，但是能不能好好地发挥、运用自己的资质，则取决于人的主观选择和努力。那些做好了充分准备的人，一旦遇到好的机遇，便一定能够施展出自己的才华和抱负。所以，荀子认为，君子应该广博地学习，谋

---

① 《荀子·宥坐》。

虑深远，修养心身，端正品行，然后等待时机到来就可以了。荀子这段话所蕴含的"修身俟命"的理念，投射出的是务实、理性、乐观的精神，可谓儒家命运观的精髓。

综上所述，儒家虽然承认"有命"，但却认为人可以"知命"；虽然承认"有命"，但却不是让人"认命"，而是鼓励人充分发挥主观能动性去迎接命运的挑战。面对命运，儒学倡导的是：在"知天命"的基础上，把应该做的做到，把能做的做好，为自己的人生负起责任，对那些自身确实无力把握的事情能豁达地去看待，谈命、知命、却不认命，在"尽人事"的基础上"听天命"是儒学对待命运的总体态度。儒家的"有命论"不是"宿命论"，而是理性的积极进取的命运观。儒学是中华传统文化的主干，儒学对人生境遇的觉解，熏陶浸染着中华民族，让我们的民族无论经历多少磨难，都能够始终乐观地眺望未来。

四、对生死价值的反思

生与死的冲突，是人生最后的矛盾冲突。不管人类如何伟大，都没有办法改变无数个体在历经千百种不同的人生之后，单调而不变的结局——死亡。凡有生者皆有死，每种生物都要面对死亡，但人与其他生物不同，因为人有思想，人可以反思死亡，藉由反思死亡来反抗死亡，这种反抗尽管不能够改变结局，但却能够在一定程度上消弥恐惧。哲学与宗教作为解决人"安身立命"问题的精神形式，"死亡"可以说是它们不能回避的课题，正如叔本华所说那样："由于对死亡的认识所带来的反省致使人类获得形而上的见解，并由此得到一种慰藉，反观动物则无此必要，亦无此能力。所有的宗教和哲学体系，主要即为针对这种目的而发，以帮助人们培养反省的理性，作为对死亡观念的解毒剂。"[①]我们中华传统文化面对生死冲突这个终极课题，也交出自己的答卷。

（一）生死自然

面对死亡，基督教为人构造了一个天堂，佛教为人勾画了一个极乐世界，这些都是美好的终极归宿，在那里，活着时困扰人的问题，死后都不会再困扰人。但是中国的本土文化，却没有类似的宗教传统。当然，中华先民对死后生活也产生过朴素的设想，那就是构造了一个鬼魂世界，在中国人的鬼魂观念中，人在死亡后，自我意识并没有终结，仍会脱离肉体以鬼的形式继续存在，仍然可以关心自己家族、子孙的前途和命运，

---

① ［德］叔本华：《爱与生的苦恼》，陈晓南译，哈尔滨：哈尔滨出版社，2015年4月第1版，第151页。

甚至还可以和活着的人发生心电感应等。这种观念应该说同宗教一样在一定程度上可以缓解人面对死亡时的焦虑、恐惧和哀痛。但是，中华先民所构造出来的这种鬼魂世界与基督教的天堂、佛教的极乐世界相比仍然有很大的区别，中华先民所构设的鬼魂世界并不比人间更美好，它无非就是人间的一个翻版。譬如，按照中华文化中的鬼魂观念，一个人如果活着的时候是个穷人，那么其死了之后，仍然会是一个穷鬼；一个人如果活着的时候是孤家寡人，那么其死了之后，仍然会是一个孤魂野鬼。在中国古代的殡葬风俗中，一个人死后，其家人会为其烧纸钱、供奉食物等等，之所以这么做，原因就在于在古代中国人的观念中，鬼的世界和人间社会是相通的。总体来看，中华先民所构造的"鬼的世界"和宗教对死后世界的规划相比，其根本区别在于：中国本土文化具有鲜明的世俗性，中国人更注重现世今生，更刻意于生命的留存，它没有像宗教那样将死后世界进行拔高和美化，没有用一种超验的"美好"去填充死后的世界，这样一种以世俗生活来理解死后世界的方式，反映的是中国人信仰人生、执着于人生的心态。这种信仰人生、执着人生的心态，作为一种文化基因融入到中华传统文化之中，儒家思想和道家思想都深受这种心态的影响，其死亡观也表现出重现世、重今生的文化特色。

关于儒家对待死亡的态度，以孔子为例，孔子对"死"的基本态度就是"存而不论"，对"鬼神"的基本态度就是"敬而远之"。当学生季路向孔子请教死后和鬼神的事情时，孔子

回答说："未能事人，焉能事鬼……未知生，焉知死？"①意思是
你还没有搞明白怎么做人、如何活着的问题，何必关心死后和
鬼的事情呢？在这里，孔子没有正面回答学生的问题，而是
引导学生把对鬼神和死后世界的关注，转移到现实的社会人
生中，引导学生去关注人生和人事。孔子一生"不语怪，力，
乱，神"②，他说："务民之义，敬鬼神而远之，可谓知矣。"③一
个"远"字，生与死、人与鬼，孰轻孰重便一目了然了。即
使在"祭祀"这种直接与鬼神打交道的活动中，孔子讲的也
是："祭如在，祭神如神在"④，意思是祭祀祖先的时候就好像祖
先在那里，祭祀神的时候就好像神在那里，"如在"，那到底在
不在呢？孔子没有讲。实际上，在儒学的思想视野中，鬼神的
位置是虚化的。儒家并不真正关心祭祀的时候祖先的魂魄是否
真的存在，他们真正关心的是人在祭祀时的诚心、孝心，即
谓："祭思敬，丧思哀，其可已矣"⑤"送死，饰哀也；祭祀，饰
敬也。"⑥儒家是想通过祭祀这种形式，借鬼神来推行对人的教
化，引导人们重人伦、重亲情，培养人的道德感，强化家族内
部的凝聚力，以便更好地安顿社会秩序，能达到这个目的就足

----

① 《论语·先进》。
② 《论语·述而》。
③ 《论语·雍也》。
④ 《论语·八佾》。
⑤ 《论语·子张》。
⑥ 《荀子·礼论》。

够了。在祭祀这件事情上，儒学置换了祭祀的中心概念，祭祀本来的中心是鬼神、祖先，但经过儒学的改造之后，道德教化、人际和谐变成了祭祀的中心。总而言之，儒家对死后成鬼成神没有兴趣，也不视祭祀本身为目的，其思想的出发点和落脚点是社会人事，成为道德高尚、对社会有用的人，才是儒学的真兴趣、真需要。而对死及死后的问题，儒家基本上采取的是"欲知死人有知，将无知也？死徐自知之，犹未晚也"①这样一种存而不论、顺其自然的态度。

相较于儒家，道家在生死问题上所持有的顺其自然的态度更为鲜明。关于生死，庄子讲："死生，命也；其有夜旦之常，天也。人之有所不得与，皆物之情也。"②在庄子看来，生、死是人力所不能干预的事情，就像有白天就有黑夜一样，有生就有死，万物都是如此。庄子借寓言人物"子来"所说的话进一步论证了这个道理：

> 子来曰："父母于子，东西南北，唯命之从，阴阳于人，不翅于父母。彼近吾死而我不听，我则悍矣，彼何罪焉？夫大块载我以形，劳我以生，佚我以老，息我以死。故善吾生者，乃所以善吾死也。"③

---

① 《说苑·辨物》。
② 《庄子·大宗师》。
③ 《庄子·大宗师》。

在这段话中，庄子借寓言人物"子来"表达了这样的意思：大自然对"我"来说，就像父母对"我"来说一样，在生活中应听父母的话，在生死问题上也应该听从大自然的安排，大自然用"生"使"我"勤劳，用"老"使我清闲，用"死"使"我"安息。如果"我"以"生"为善，也便应该以"死"为善。可见，在庄子看来，生与死都只是生命自然发展的一个阶段，都是大自然的造化，没有好坏之分，因而也没有必要畏惧死亡。对待死亡，庄子认为完全应该秉持一种顺其自然的态度，即谓："适来，夫子时也；适去，夫子顺也。安时而处顺，哀乐不能入也，古者谓是帝之县解。"①

（二）死而不朽

以"生死自然"的态度去面对死亡，对死亡的恐惧确实能够消减很多。但是，如果我们中华民族的生死观只停留在这一点，那么最多也只是能在一定程度上缓解一些面对死亡的恐惧，这样的生死观还不足以提供给我们民族以奋进的力量。好在，中华传统生死观并没有止步于此，而是更进了一步。那就是来用"生的充实"即有生之年活出人生价值，来抗拒死亡，致力于追求"死而不朽"。对"死而不朽"这种积极生死观贡献最大的仍然是儒学。

---

① 《庄子·养生主》。

说到死而不朽，就牵扯到对人生价值的理解。儒学认为人生价值主要体现在两个方面：

其一，人生价值在于自觉的道德提升。在儒学的视野中，懂不懂仁义道德是人与禽兽的根本区别，仁义道德践履程度的高低是君子与小人的分水岭。无论是"性善论"还是"性恶论"，尽管出发点与论证方式不同，但却殊途而同归，落脚点都是要探索塑造理想人格的有效方式，都以仁德为旨归。而且在儒学的视野中，道德提升与外在限制无关，完全取决于自身的努力，"我欲仁斯仁至矣"①。儒学的这些理念，在前面章节中已经做过比较充分的论述，这里不再赘述。基于上述理念，儒学为个体生命赋予了一条道德意义上的超拔之路，在这条路上，主动权完全掌握在人手中，人的道德愈完善，则其"成人"的程度便愈彻底，生命也愈纯粹、愈有价值。

其二，人生价值在于踏踏实实为群体做贡献。在儒学视野中，仅修养好自身的品德还远远不够，儒家文化鼓励人们把道德修养推广出去，去为群体做贡献，由修身而达致齐家、治国、平天下。儒学认为士君子应该具备建功立业、心忧天下、兼济入世的历史使命感和情怀。对于社会政治生活，儒家从来都不是一个旁观者，他们总是力图参与其中，影响社会，改造社会，甚至"知其不可而为之"②。总而言之，在儒者的视野中，

---

① 《论语·述而》。

② 《论语·宪问》。

人生价值就在于自觉的道德追求、崇高的人格理想、热忱的救世情怀和坚定的生活信念，这种人生被道德提升和为群体建功立业的巨大历史使命所充实着。儒家文化为人所规划的人生是一种责任人生、使命人生。这种责任人生、使命人生忙碌而辛苦，以致于孔子讲：

> 发愤忘食，乐以忘忧，不知老之将至云尔。①

对孔子来说，人生被进德修业的巨大历史使命所充实着，直到生命的最后一息都在进行着积极的人生实践，连"老"都忘了，更不会去考虑"死"的问题了。儒家的人生如此繁忙，责任如此重大，以致于曾子曾感慨说：

> 士不可以不弘毅，任重而道远。仁以为己任，不亦重乎？死而后已，不亦远乎？②

这段话中的"死而后已"是说弘扬仁道的责任，要在死的时候才能够停下来，这样一来，"死亡"竟成了难得的休息。所以曾子在病入膏肓之时，把学生叫到身边，说了这样一番话：

---

① 《论语·述而》。
② 《论语·泰伯》。

启予足！启予手！《诗》云："战战兢兢，如临深渊，如履薄冰。"而今而后，吾知免夫！小子！①

曾子对学生说："看看我的手，看看我的脚"，意思是自己要不久于人世了，但是曾子并没有继续抱怨生病的痛苦，而是回顾了自己一生为人处世的状态，那就是：战战兢兢，如临深渊，如履薄冰。在进德修业的路上，曾子一直小心谨慎，高标准、严要求，所以才会战战兢兢，如临深渊，如履薄冰。"而今而后，吾知免夫！"如今生命即将走到尽头，以后再也不用过这么紧张的生活了。儒家以这样的心态来面对死亡，死亡便具有了"休息"的意味。既然在儒者的视野中，死亡是休息，那么，"死亡"自然也就变得没有那么可怕了。不仅不可怕，甚至在极端情况下，当生死与道义发生冲突的时候，儒学认为应该杀身成仁、舍生取义。与个体的生死相比，儒学更看重的是生命的社会价值，是生命历程内的奋斗。

总之，以儒学为代表的中华优秀传统文化讲道德、讲责任、讲有为，反对饱食终日，无所用心，这种生死观鼓舞着人们以积极、乐观的态度对待人生，儒学认为人生应该充满理想和追求，在生命这一有限的时间内、在现实的空间中，人应该尽量地多做对群体有意义的事情，进德修业，死而后已。在儒者的视野中，个人所遭受的苦难与生死同群体的价值、仁道的

———————

① 《论语·泰伯》。

弘扬相比，太微不足道了，困难不过是建功立业的必备条件，
死亡不过是人履行了做人的责任与道义之后的休息，如果生死
与道义发生矛盾，最合理的选择是慨然赴死，这就是儒学视野
中生命的意义。正是在这种生死观的激励之下，中华民族涌现
出一大批志士仁人，留下了"人生自古谁无死，留取丹心照汗
青"这样壮丽的诗篇。进德修业、死而后已，甚至舍生取义的
责任人生、使命人生，对个体来说，其回报就是"死而不朽"，
在中华文化系统中，死而不朽堪称对个体价值的最高评价。达
致"死而不朽"方式正如《左传》所言：

> 大上有立德，其次有立功，其次有立言。虽久不废，
> 此之谓不朽。[1]

所谓"立德"，就是要做道德上的楷模，所谓"立功"，就是
要建功立业，所谓"立言"，就是要著书立书。通过立德、立
功、立言，给子孙后代留下值得千秋万世怀想的事迹，也就做
到了永垂不朽。

中华传统生死观留给予志士仁人的信念是：无须惧"死"，
应该惧的是"君子疾没世而名不称焉"[2]；无须忧"死"，值得
忧虑的是"舜，人也；我，亦人也。舜为法于天下，可传于

---

① 《左传·襄公二十四年》。
② 《论语·卫灵公》。

后世，我由未免为乡人也，是则可忧也"①，也就是说，能否像舜一样扬名于后世，值得后人效法，这才是值得君子忧虑的事情。

（三）珍惜生命

儒家赞同杀身成仁、舍生取义，这种价值取向是否意味着儒学不重视生命呢？不是的，只有为了道义，只有在"生"与"义"不能兼得的情况下，中华优秀传统文化才鼓励人主动放弃生命。否则，伤害生命、放弃生命本身便被视为极大的"不义"。

在儒学的视野中，伤害生命、放弃生命属于"不义"之举，是因为伤害生命、放弃生命的行为意味着这样做的人放弃了自己应该肩负的家庭责任。正如孟子所说："不失其身而能事其亲者，吾闻之矣；失其身而能事其亲者，吾未之闻也。"②意思是自己身体好，同时还能孝敬好父母，这样的事情听说过；自己都不存在了，却还能孝敬父母的，这样的事情从来没听说过。因为自身的健康存在是孝敬父母、照顾家人的前提。在社会生活中，伤害生命、不爱惜生命常见做法有两种较为常见，一种是好勇斗狠，给自己招来杀身之祸；另一种是自杀。对于

---

① 《孟子·离娄下》。
② 《孟子·离娄上》。

好勇斗狠的人，儒家十分不屑，荀子曾经作了如下分析：

> 斗者，忘其身者也，忘其亲者也，忘其君者也。行其少顷之怒而丧终身之躯，然且为之，是忘其身也；家室立残，亲戚不免乎刑戮，然且为之，是忘其亲也；君上之所恶也，刑法之所大禁也，然且为之，是忘其君也。忧忘其身，内忘其亲，上忘其君，是刑法之所不舍也，圣王之所不畜也。乳彘触虎，乳狗不远游，不忘其亲也。人也，忧忘其身，内忘其亲，上忘其君，则是人也而曾狗彘之不若也。[①]

荀子认为，好勇斗狠的人，为了发泄一时的忿怒，与人斗殴以致丧失掉生命，这是忘记了自己的身体、忘记了自己的亲人、忘记了自己的君主，是十分不负责任的做法。荀子举例说，哺乳的母猪尚且知道不去触犯老虎，喂奶的母狗尚且知道不去远处游逛，这是因为它们没忘记自己亲骨肉的缘故。总之在荀子看来，作为一个人，如果不懂得这个道理，就连猪狗也不如了。对于自杀的举动，儒学同样视之为不义之举。即谓：

> 君子行不贵苟难，说不贵苟察，名不贵苟传，唯其当之为贵。故怀负石而赴河，是行之难为者也，而申徒狄

---

① 《荀子·荣辱》。

能之；然而君子不贵者，非礼义之中也。①

按照儒学的价值理念，评价一种行为是否有价值，不是看其是否难以做到，而是要看其是否符合礼义，像申徒狄一样怀中抱着石头投河自尽这种行为，虽然是普通人难以做到的行为，但是君子却并不推崇这种行为，是因为它不合礼义之道。

在儒学的视野中，伤害生命、放弃生命之所以属于"不义"之举，还因为伤害生命、放弃生命的行为意味着这样做的人放弃了自己应该肩负的社会责任。《论语》记载了这样一件事：公子小白和公子纠是兄弟，公子小白就是后来的齐桓公，召忽和管仲一开始共同辅佐公子纠，后来齐桓公逼迫鲁国杀了逃亡鲁国的公子纠，召忽自杀而殉，但管仲却不仅没有自杀，反而回到齐国继续辅佐齐桓公。因此，很多人认为管仲"不仁"。但是，孔子却不这样认为，孔子说：

> 管仲相桓公，霸诸侯，一匡天下，民到于今受其赐。微管仲，吾其被发左衽矣。岂若匹夫匹妇之为谅也，自经于沟渎而莫之知也？②

这段话体现了孔子立足社会责任和贡献来评估生死价值的观

---

① 《荀子·不苟》。
② 《论语·宪问》。

点，孔子认为，管仲辅齐桓公所创建的功业，让老百姓到今天还能受益，如果没有管仲，老百姓到现在还处在野蛮状态里，这就是管仲最大的"仁"，难道一定要求管仲守着小节小信，在山沟中自杀才可以吗？

总之，儒家是从承担家庭责任和社会责任这个更大的视野来衡量一个人的生死价值，绝不主张人轻易去赴死。其生死观既包含着对杀身成仁、舍生取义的崇尚，又包含着对生命的珍视，二者并不矛盾。

第四章

社会关爱层面中华优秀传统文化的核心理念

马克思讲:"人的本质不是单个人所固有的抽象物,在其现实性上,它是一切社会关系的总和。"[1]修身是基础,但仅有基础还不够,人格修养要落实到具体的社会关系中去,才能在更广阔的范围内得到检验并开显出其实际价值。中国自古以来便崇尚仁爱共济、立己达人,以"仁爱"为核心,以具体的人际关系为载体,中华传统文化的主干——儒学提出了一系列核心价值理念,其中的优秀部分不仅在古代中国发挥了整顿社会秩序、规范道德人心的重要作用,而且对于新时代建构和谐人际关系,建构社会的公序良俗,增进社会关爱的氛围仍然具有隽永的价值。

一、社会关爱的情感根基

(一)仁者爱人

"仁者爱人"是儒学建构人际关系的情感基点,伴随着儒

---

① 马克思:《关于费尔巴哈的提纲》,《马克思恩格斯选集》(第三版)(第一卷),第139页,北京:人民出版社,2012。

学的历史影响，"仁者爱人"进而成为几千年来中国社会维系人与人关系的情感纽带。"仁者爱人"简而言之就是要施爱于人。那应该首先施爱于谁呢?《论语》讲:"孝弟也者，其为仁之本与!"①此外，我国民间亦有"百善孝为先"的说法。可见，"仁爱"的起点是孝悌之道、血亲之爱。"仁爱"要求人们从血亲之爱出发，把对父母亲人的爱层层外推，按照由近及远、由亲及疏的次序，拓展至对他人、它物的爱。

在诸多美德中，儒家先哲之所以偏偏把"孝悌之道"突显出来，将其视作仁爱的起点，主要是基于对真实情感的重视。以孔子为例，孔子十分看重人的真实情感，《论语》有多处表述都体现了孔子的这一思想倾向，例如:

子曰:"巧言令色，鲜矣仁!"②

在孔子看来，花巧的言语，伪善的神色，这种人的仁德是很少的。巧言令色就说明这个人所流露的不是他的真情实感。

子曰:"匿怨而友其人，左丘明耻之，丘亦耻之。"③

内心藏着怨恨，表面上却做出一副对人很友好的样子，孔子和

---

① 《论语·学而》。
② 《论语·学而》。
③ 《论语·公冶长》。

左丘明都以这种行为为耻。"匿怨而友其人"就说明此人不敢流露他的真实情感。

> 子于是日哭，则不歌。①

《论语》记载，孔子当天若是哭了，就不会再唱歌，这是因为孔子的哭不是哭给别人看的，而是源于他内心真实的悲痛。内心真实的悲痛不可能轻易地消失，所以，如果孔子当天哭了，他肯定就没有心情再去唱歌了。

> 子曰："吾不与祭，如不祭。"②

孔子表示，如果自己不能亲自参加祭祀，那也不会找人代替自己去祭祀。之所以不找人代替自己去祭祀，是因为这样做，体现不出自己的诚心和孝心。

从以上四个例子中，我们便可以感受到孔子重视人的真实情感。对真实情感的重视可谓是儒学的一贯立场，例如，孟子认为"诚"是上天的准则；追求"诚"，是为人的准则，至诚才能够打动人心。即谓："诚者，天之道也；思诚者，人之道也。至诚而不动者，未之有也；不诚，未有能动者也。"③《大

---

① 《论语·述而》。

② 《论语·八佾》。

③ 《孟子·离娄上》。

学》亦极为推崇"意诚",认为意念真诚,是心正、身修、家
齐、国治、天下平的前提,意念真诚、不自我欺骗,才能心
安理得。即谓:"欲正其心者先诚其意""所谓诚其意者,毋自
欺也,如恶恶臭,如好好色""意诚而后心正,心正而后身修,
身修而后家齐,家齐而后国治,国治而后天下平"。

　　儒家之所以重视人的真实情感,要归结为儒学对道德的崇
尚。儒学以道德为旨归,而道德行为只有在源于内心真实的情
感时,才是有意义的,否则,就会流于虚伪。没有内心真实道
德情感的支撑,却做出一副道德样子的人就是"伪君子"。那
么对于人来说,最真实、最自然的情感当然就是人与生俱来的
血缘亲情,而血缘亲情中最密切的就是父母兄弟之情。于是,
在血缘亲情层面所衍生出来的道德——孝悌之道,也就很自然
地被儒学纳入到"仁爱之本"的位置。

　　儒家把孝悌之道、血亲之爱看作是仁爱的起点,那么,如
果一个人对自己的父母兄弟充满亲情,他就一定是一个具备了
仁爱之心的人吗? 那还不一定。在儒学看来,孝悌之道虽然是
仁爱的起点,但却并不是仁爱的终点,只有把这份孝亲之心推
广出去,去惠及更多的人和物,那才称得上是一个真正具备了
仁爱之心的人。"仁爱"是一个"亲亲而仁民,仁民而爱物"①、
由近及远、层层外推的过程。当然,这种层层外推,会导致
"爱"被越推越淡。在仁爱视域下,爱亲人和爱别人是不一样

_____

① 《孟子·尽心上》。

的，爱人和爱物也是不一样的，"爱有差等"是"仁爱"的重要特征。这正如孟子所言："君子之于物也，爱之而弗仁；于民也，仁之而弗亲。"①

关于"仁爱"的具体展现，明代大儒王阳明有一段话说得很生动，王阳明讲：

> 见孺子之入井，而必有怵惕恻隐之心焉，是其仁之与孺子而为一体也；孺子犹同类者也，见鸟兽之哀鸣觳觫，而必有不忍之心焉，是其仁之与鸟兽而为一体也；鸟兽犹有知觉者也，见草木之摧折而必有悯恤之心焉，是其仁之与草木而为一体也；草木犹有生意者也，见瓦石之毁坏而必有顾惜之心焉，是其仁之与瓦石而为一体也。②

王阳明认为，一个人基于同情心和同理心，如果见到小孩子要掉到井里去了，便会生发出一种担心他掉下去的心情，看到鸟兽吓得哆哆嗦嗦的样子，便生发出一种不忍它受苦的心情；甚至见到草木被摧折，见到瓦石被毁坏，也会生发出悯恤之心和顾惜之心。在社会生活中，如果一个人对人、对事、对物内心深处常常能够涌起这样的情感，那么，这个人一定是一个具备了仁爱之心的人。

---

① 《孟子·尽心上》。
② 《大学问》。

　　从王阳明关于"仁爱"的描述中，我们至少可以感受到"仁爱"的两个特点：其一，仁爱的对象很广泛，不仅指向人，还指向鸟兽、草木、瓦石。这是一种"以天地万物为一体"的爱。其二，仁爱很纯粹。这一特点要结合墨子的"兼爱"才能辨析得更加清楚。本书第一章曾对墨子的"兼爱"和儒家的"仁爱"做过简要的对比，提到了"兼爱"的特点是"爱人如己"。"爱人如己"相较于仁爱的"爱有差等"确实听起来更高尚，但是需要注意的是，墨子"兼爱"思想的出发点是"兴天下之利，除天下之害"，这是一种功利思想。在《墨子》一书的话语结构中，"兼相爱"与"交相利"如影随形，且受制于后者，墨家推行"兼相爱"主要目的不是为了增进人的道德，其主要目的是因为墨子认为"兼相爱"切合各方利益，有利于实现"交相利"。即谓：

　　　　若使天下兼相爱，爱人若爱其身，犹有不孝者乎？视父兄与君若其身，恶施不孝？犹有不慈者乎？视弟子与臣若其身，恶施不慈？故不孝不慈亡有。犹有盗贼乎？故视人之室若其室，谁窃？视人身若其身，谁贼？故盗贼亡有。犹有大夫之相乱家、诸侯之相攻国者乎？视人家若其家，谁乱？视人国若其国，谁攻？故大夫之相乱家、诸侯之相攻国者亡有。若使天下兼相爱，国与国不相攻，家与家不相乱，盗贼无有，君臣父子皆能孝慈，若此则天下治。①

可见，"兼爱"只是墨子达到"兴天下之利，除天下之害"的一个步骤和一种手段，在墨学思想体系中，"兼爱"不是无偿的，而是个"投桃报李"的过程，即谓：

> 夫爱人者，人必从而爱之；利人者，人必从而利之；恶人者，人必从而恶之；害人者，人必从而害之。②

墨子相信的是："我"爱对方如己，对方便必然会爱"我"如己，人人都爱人如己，那天下就太平了。但是，社会生活很复杂，对方会以同样的爱回报自己只是一种可能性，在生活中实际上还存在另外一种可能性，那就是尽管你爱对方如己，但对方却没有爱你如己。如果遇到这种情况，墨子"兼爱"的根基就会受到冲击。这对墨子的"兼爱"来说是个问题，但是，对儒家的"仁爱"来说就不是问题。因为依据儒家"仁爱"的发动机制，"我"爱对方，与对方爱不爱"我"无关，"我"爱对方只是出于"我"作为人的良知与道义。在前文王阳明关于仁爱的那段表述中，如果说"我"爱即将掉进井中的小孩子，这个小孩子有朝一日或许还有可能回报于"我"的话，那么，"我"

---

① 《墨子·兼爱上》。
② 《墨子·兼爱中》。

爱鸟兽、爱草木、爱瓦石，难道也是期盼有一天鸟兽、草木、瓦石能回报"我"吗？这显然是不可能的，在明知道不可能的情况下，为什么还要施与这些对象以爱呢？原因就在于这种爱与对方对"我"如何无关，而只与"我"作为人的良知、道义、道德底线有关。这种"爱"很纯粹，是非功利的爱。总之，仁爱对象的广泛性以及仁爱的纯粹性，是"仁爱"的两个突出优势。

当然，"仁爱"也存在一个常被诟病之处，那就是仁爱有差等、有亲疏远近之分。但是，如果换个角度，将其置于中国古代特定的社会背景下，便会发现"爱有差等，施由亲始"也有其合理性。因为中国古代社会是宗法社会，特别看重血缘亲情，而仁爱这种植根于血缘亲情之中的爱，在这种社会环境中就有落实下去的社会基础和人性基础。在中国古代，也正是依靠儒学所建构的这样一张仁爱网络，把人与人之间的关系纽结在一起，促进了人际和谐。

（二）忠恕之道

仁爱的实质在于，以血亲之爱为圆心，从这种最朴素、最真实的情感出发，层层外推，由近及远，由亲及疏，从血亲之爱扩展到对他人、它物的爱，从而促使整个社会达致和谐的状态。那么，是什么样的心理机制推动人们将血亲之爱由近及远、由亲及疏地层层外推呢？这个心理机制就是同情心、同理心、将心比心。而同情心、同理心、将心比心，用儒学理念来表述就是"忠恕之道"，"忠恕之道"可以被视为中华优秀传统文化赋予我们的开展社会关爱的总体方法。

何谓忠恕之道？"己欲立而立人，己欲达而达人"①一般被称作"忠"道；"己所不欲，勿施于人"②一般被称作"恕"道。《荀子》曾引用孔子的话对"恕"作了进一步阐释：

> 君子有三恕：有君不能事，有臣而求其使，非恕也；有亲不能报，有子而求其孝，非恕也；有兄不能敬，有弟而求其听令，非恕也。士明于此三恕，则可以端身矣。③

不能侍奉好自己的国君，却要求自己的手下尽心尽力为自己办事，这不是恕；不能孝敬自己的父母，却要求自己的儿子孝敬自己，这不是恕；不能尊敬自己的哥哥，却要求自己的弟弟尊敬自己，这不是恕。读书人如果能明了这"三恕"的根本意义，在儒家看来就可以算得上行为端正了。

儒家十分推崇忠恕之道，将其视作孔子的一以贯之之道。正如曾子所说："夫子之道，忠恕而已矣。"④忠恕之道，在儒学中的另外一种表述是"絜矩之道"，"絜矩之道"语出《大学》，

---

① 《论语·雍也》。
② 《论语·颜渊》。
③ 《荀子·法行》。
④ 《论语·里仁》。

《大学》曰：

> 所恶于上毋以使下，所恶于下毋以事上，所恶于前
> 毋以先后，所恶于后毋以从前，所恶于右毋以交于左，所
> 恶于左毋以交于右，此之谓絜矩之道。

如果厌恶上司对你的某种行为，就不要用这种行为去对待你的
下属；如果厌恶下属对你的某种行为，就不要用这种行为去对
待你的上司；如果厌恶在你前面的人对你的某种行为，就不要
用这种行为去对待在你后面的人；如果厌恶在你后面的人对你
的某种行为，就不要用这种行为去对待在你前面的人；如果厌
恶在你右边的人对你的某种行为，就不要用这种行为去对待在
你左边的人；如果厌恶在你左边的人对你的某种行为，就不要
用这种行为去对待在你右边的人。这就是絜矩之道。

忠恕之道或絜矩之道，目的在于引导人们将心比心，推
己及人，设身处地地为他人着想，"有诸己而后求诸人，无诸
己而后非诸人"[1]。这是一条易于理解、操作简便、行之有效的
人际交往之道。理解了忠恕之道，也就可以更深刻地理解为什
么儒家先哲会把孝悌之道看作是仁爱的起点。将心比心、推己
及人，一个人要将自己的什么"心"去比别人的"心"？要推
自己的什么给别人？如果一个人连自己的父母兄弟都不能去关

---

[1]《大学》。

爱,又如何推而广之去爱其他人呢? 在忠恕之道这样一种社会关爱路径的指引下,儒家也必然会把孝悌之道、血亲之爱看作是仁爱的起点。

　　总之,如果一个人能够对父母亲人有爱,并且能够基于同情心、同理心,懂得将心比心、推己及人,"老吾老,以及人之老;幼吾幼,以及人之幼"[1],去践行"忠恕之道",那么这个人就具备了仁者爱人的基本素质。

二、人际交往的具体规范

　　社会关爱不是抽象的,它一定要落实到具体的人际交往之中。中国自古以来便对"人伦"十分重视,孟子曰:"学则三代共之,皆所以明人伦也。"[2]荀子亦云:"伦类不通,仁义不一,不足谓善学。"[3]孟子将人伦关系具体分为五类,即父子关系、君臣关系、夫妇关系、兄弟关系、朋友关系,又称"五伦",对于这些具体关系的处理,孟子主张"父子有亲,君臣

―――――――――

① 《孟子·梁惠王上》。
② 《孟子·滕文公上》。
③ 《荀子·劝学》。

有义，夫妇有别，长幼有叙，朋友有信"①。这些具体的人际交往原则，得到了中华民族的普遍认同，其优秀部分已经熔铸到了中华民族的血脉中。接下来，笔者择取若干人际关系来揭示中华优秀传统文化在人际交往方面所推崇的核心价值理念。

（一）亲子关系

儒学处理亲子关系的基本原则可以概括为：父慈子孝。

※　孝

儒学重视孝悌之道，尤其推崇孝道。儒学认为，"孝"的核心实质在于尊敬父母。这正如孔子所说："今之孝者，是谓能养。至于犬马，皆能有养；不敬，何以别乎？"②可见，孔子认为，仅仅从物质上供养父母还称不上是孝道，因为人也能够养狗养马，如果不能怀着敬意从物质上供养父母，那么供养父母的行为也就和养狗、养马没有区别了。曾子亦曾经说过："大孝尊亲，其次弗辱，其下能养。"③总之，在儒家的视野中，仅仅从物质层面供养父母是孝的最低层次，孝的核心和实质是尊重父母。

那么具体怎样做，才称得上是对父母的尊敬呢？最直观

① 《孟子·滕文公上》。
② 《论语·为政》。
③ 《礼记·祭义》。

的体现便是与父母相处时，面色要恭敬、言语要和顺，即谓："孝子之有深爱者必有和气，有和气者必有愉色，有愉色者必有婉容。"①当与父母意见不一致时孔子的建议是：

> 事父母几谏，见志不从，又敬不违，劳而不怨。②

"几谏"指的是"委婉的劝说"，孔子的意思是，当与父母意见不一致时，可以委婉地劝说父母，但是如果父母就是不听，那还是应该尊重他们，不要违背他们，即使这样做让自己很辛苦，也没有怨言。需要说明的是，孔子尽管持上述观点，但是并不意味着孔子认为应该毫无原则、一律听从父母的指令。《孝经》记载了曾子与孔子的一段对话，就表明了孔子的这一立场：

> 曾子曰："敢问子从父之令，可谓孝乎？"子曰："是何言与，是何言与！……父有争子，则身不陷于不义。故当不义，则子不可以不争于父，臣不可以不争于君；故当不义，则争之。从父之令，又焉得为孝乎！"③

当曾子问孔子"儿子听父亲的话就是孝吗"时，孔子的回答

---

① 《礼记·祭义》。
② 《论语·里仁》。
③ 《孝经·谏诤》。

是，没有这样的说法，父亲如果有一个敢于向他提不同意见的儿子，这是一件好事，这可以减少父亲做不义之事的机会，所以，如果父亲的行为严重违背了道义，作为儿子就要勇于坚持自己的主张，如果只是一味听从父亲的话，结果却把父亲陷入了不义之地，怎么能称得上孝呢？关于这一观点，荀子有一个更为清晰的表述，荀子说："审其所以从之之谓孝、之谓贞也"①，即要根据儿子听从父命的具体内容来判断是不是孝。荀子进一步讲：

> 可以从而不从，是不子也；未可以从而从，是不衷也。明于从不从之义而能致恭敬、忠信、端悫以慎行之，则可谓大孝矣。②

在荀子看来，本来应该服从父亲却偏偏不服从，这是不尽孝子之道；不应该服从却服从，这说明没有了悟"孝"的真谛。真正的"孝"是知道什么情况下应服从父亲，什么时候不应服从父亲，并懂得据此调整自己的行为，这才是大孝。荀子还列举了不应该服从父命的几种具体情景，即谓：

> 孝子所以不从命有三：从命则亲危，不从命则亲安，

---

① 《荀子·子道》。
② 《荀子·子道》。

孝子不从命乃衷；从命则亲辱，不从命则亲荣，孝子不从命乃义；从命则禽兽，不从命则修饰，孝子不从命乃敬。①

可见，在是否应该服从父母这个问题上，儒学的基本立场是：在非原则的事情上，对父母要少争执、多忍让，在涉及大是大非的原则问题时，则应该从道义出发，"从义不从父"②。儒学还认为孝敬父母应该把父母记挂在心上，把父母放入自己的人生规划中，即谓："父母在，不远游，游必有方。"③孝敬父母要及时，对父母年龄要心中有数，即谓："父母之年，不可不知也。一则以喜，一则以惧。"④即父母要过生日了，作为孝子一方面感到高兴，一方面又会感到忧惧，高兴是因为父母过生日说明父母又平安度过了一年；恐惧是因为人的寿命是有限的，过一年少一年，这一喜一惧，孝子之心一目了然。孝敬父母还是一个漫长的过程，要贯穿于父母的生前和身后。即谓：生，事之以礼；死，葬之以礼，祭之以礼，可谓孝矣。⑤此外，儒学还认为，孝敬父母，除了要对父母好之外，还要对自己好。这正如孔子所言："父母唯其疾之忧。"⑥父母就担心孩子的"疾"，

①《荀子·子道》。

②《荀子·子道》。

③《论语·里仁》。

④《论语·里仁》。

⑤《孟子·滕文公上》。

⑥《论语·为政》。

"疾"既指身体上的疾病，也指精神上的污点。这就要求人们，要想孝敬父母，首先要爱惜自己的身体，因为这是孝敬父母的前提和资本，也正是在这个意义上，《孝经》告诉我们："身体发肤，受之父母，不敢毁伤，孝之始也。"[①]除了爱惜自己的身体之外，还要爱惜自己的名誉，在社会上好好做人，好好做事，让父母因为儿女而感到脸上有荣光，也正是在这个意义上，《孝经》告诉我们："立身行道，扬名于后世，以显父母，孝之终也。"[②]

以上是中华传统孝文化的精华，是孝道思想中直到今天仍然值得我们去继承和发扬的内容。但是，需要指出的一点是，儒学自汉代登上正统之后，其孝道思想为适应封建统治便逐渐被加入了很多愚孝的内容，这是今天我们在弘扬传统孝文化时需要加以鉴别的地方，不是任何事情扣上孝的帽子，就合理了、正当了，而要具体问题具体分析。

※　慈

"为人子止于孝，为人父止于慈"[③]，中华优秀传统文化所崇尚的处理亲子关系的道德原则是双向的，子女要对父母孝敬，父母则要对子女慈爱。就中华古代典籍来看，家训、俗训中关于"父慈"的论述相对较多。家训、俗训堪称中华传统文

---

① 《孝经·开宗明义》。
② 《孝经·开宗明义》。
③ 《大学》。

化由书斋走向民间的桥梁，在历史上，其对中华传统道德的普及发挥了重要作用。历史上流传下来的家训、俗训中，影响最大的当属《颜氏家训》和《袁氏世范》，其中，《颜氏家训》被后人称为"古今家训之祖"，而《袁氏世范》则被称为"《颜氏家训》之亚"。相比较而言，因为《袁氏世范》是南宋进士袁采在担任乐清县县令时为教化乐清百姓所作，因而它比专为颜氏子孙所作的《颜氏家训》更为通俗易懂，更具有普遍适用性，实际社会影响也更大一些。接下来，即以《袁氏世范》为例，来揭示中国古代"父慈"的核心要义。

子幼必待以严，子壮无薄其爱。

父母爱孩子乃是人之常情，但是，父母对孩子的态度往往会随着孩子年龄的变化而变化。在孩子幼小时，容易过分娇宠；在孩子年龄渐长后，又容易过于苛责。《袁氏世范》对此作了批判，即谓：

> 人之有子，多于婴孺之时爱忘其丑，恣其所求，恣其所为，无故叫号，不知禁止，而以罪保母。陵轹同辈，不知戒约，而以咎他人。或言其不然，则曰："小未可责。"日渐月渍，养成其恶，此父母曲爱之过也。及其年齿渐长，爱心渐疏，微有疵失，遂成憎怒，摭其小疵，以为大恶。如遇亲故装饰巧辞，历历陈数，断然以大不孝之

名加之。而其子实无他罪，此父母妄憎之过也。①

《袁氏世范》认为前者属于"曲爱"，后者属于"妄憎"，都不可取。正确的态度应该是：在孩子年龄小时，价值观念尚未形成，孩子对父母依赖较深，因此更容易接受父母的教育，这时候，对孩子严格要求效果更好；反之，孩子长大以后，有了自己的独立意志，这时父母反倒应该对孩子宽容、理解。因而，《袁氏世范》的建议是："子幼必待以严；子壮无薄其爱。"②

父母爱子贵均。

古代大多为多子女家庭，父母容易偏心，"喜者其爱厚，而恶者其爱薄"③。《袁氏世范》认为这种做法危害很大，即谓："人之兄弟不和而至于破家者，或由于父母憎爱之偏，衣服、饮食、言语、动静必厚于所爱，而薄于所憎。见爱者意气日横，见憎者心不能平，积久之后，遂成深仇。"④因而，《袁氏世范》认为：

> 人有数子，饮食、衣服之爱，不可不均一；长幼尊
> 卑之分，不可不严谨；贤否是非之迹，不可不分别。幼而

---

① 《袁氏世范·睦亲·父母不可妄憎爱》。
② 《袁氏世范·睦亲·父母不可妄憎爱》。
③ 《袁氏世范·睦亲·父母爱子贵均》。
④ 《袁氏世范·睦亲·父母爱子贵均》。

示之以均一，则长无争财之患；幼而责之以严谨，则长无悖慢之患；幼而教之以是非分别，则长无为恶之患。[①]

子弟不可废学。

《袁氏世范》认为，无论孩子资质如何，都不应该荒废学业。《袁氏世范》指出，父母送孩子去学习，怀抱的初心往往是希望孩子能够"取科第，及深究圣贤言行之精微"，但是，因为每个孩子的智商水平、领悟能力不一样，因而不是每个孩子都有能力达到父母的期待，所以，"不可责其必到"。但是另一方面也"不可因其不到而使之废学"。《袁氏世范》认为，即使没有能力"取科第及深究圣贤言行之精微"，读书仍然有读书的好处，读书可以帮助孩子增长见识，可以使孩子远离坏人坏事等。即谓：

> 盖子弟知书，自有所谓无用之用者存焉。史传载故事，文集妙词章，与夫阴阳、卜筮、方技、小说，亦有可喜之谈，篇卷浩博，非岁月可竟。子弟朝夕于其间，自有资益，不暇他务。又必有朋旧业儒者相与往还谈论，何至"饱食终日，无所用心"而与小人为非也。[②]

---

① 《袁氏世范·睦亲·教子当在幼》。
② 《袁氏世范·睦亲·子弟不可废学》。

子弟须使有业。

《袁氏世范》认为，孩子长大之后，应该让他有事可做。无论是富贵之家，还是贫困之家，有谋生的事业都很有必要，即谓：

> 人之有子，须使有业。贫贱而有业，则不至于饥寒；富贵而有业，则不至于为非。[1]

尤其是富贵之家，因为家产丰厚，往往不在意孩子是否工作挣钱。《袁氏世范》指出这种想法危害很大，如果孩子无事可做，就很容易受到坏人的引诱，在坏人的诱导下，家财也会受到损失。即谓："凡富贵之子弟，耽酒色，好博弈，异衣服，饰舆马，与群小为伍以至破家者，非其本心之不肖，由无业以度日，遂起为非之心。小人赞其为非，则有哺啜、钱财之利，常乘间而翼成之。"[2]

子弟当谨交游。

有些家长担心孩子在外交友不良，以至于失德破家，所以，便会把孩子"拘之于家，严其出入，绝其交游"，《袁氏世范》认为这样做不是好办法，即谓：

---

[1]《袁氏世范·睦亲·子弟须有业》。

[2]《袁氏世范·睦亲·子弟须有业》。

禁防一弛，情窦顿开，如火燎原，不可扑灭。况拘
之于家，无所用心，却密为不肖之事、与外出何异？不若
时其出入，谨其交游，虽不肖之事，习闻既熟，自能识
破，必知愧而不为。纵试为之，亦不至于朴野蠢鄙，全为
小人之所摇荡也。①

在《袁氏世范》看来，将孩子拘之于家，最大的坏处就是会让
孩子变得"无所见闻，朴野蠢鄙，不近人情"，这种孩子一旦
有机会接触外界社会，更容易被"小人之所摇荡也"。与其这
样，不如"时其出入，谨其交游"，即帮助孩子规划外出时间，
把关交往对象。

议亲贵人物相当。

子女到了婚嫁年龄，《袁氏世范》提醒父母，子女议亲时，
要为子女的终身幸福考虑，要重点考察缔结婚姻的双方本身条
件是否匹配，而不应该只看重对方的家财和地位。即谓：

男女议亲，不可贪其阀阅之高，资产之厚。苟人物
不相当，则子女终身抱恨，况又不和而生他事者乎！②

---

① 《袁氏世范·处己·子弟当谨交游》。
② 《袁氏世范·睦亲·议亲贵人物相当》。

遗嘱之文宜预为。

为了防止子孙在自己过世之后因为财产发生争讼，《袁氏世范》建议父母提早订立遗嘱，"遗嘱之文皆贤明之人为身后之虑"，不要因循不决。即谓：

> 不知风烛不常，因循不决，至于疾病危笃，虽中心尚了然，而口不能言，手不能动，饮恨而死者多矣。况有神识昏乱者乎！①

关于遗嘱，《袁氏世范》还提醒父母要从家族长远发展考虑，兼顾公平，即谓："亦须公平，乃可以保家。"

以上，以《袁氏世范》为例，揭示了中华传统文化在"父慈"方面所倡导的价值理念，从这些价值理念中，可以感受到中华传统文化对"父慈"的设计细致、长远。这种对亲子关系的安顿绝非单向度的"子孝"，其对父母同样提出了较高的要求，这是中国古代亲子伦理中的精粹，直到今天依然具有借鉴价值。

（二）君臣关系

君臣关系是中国古代一种非常重要的人伦关系，在儒学的影响下，中国古代处理君臣关系的基本原则是君臣有义、君

---

① 《袁氏世范·睦亲·遗嘱之文宜预为》。

敬臣忠。一提起"忠"，很多人往往会联想到"愚忠"。确实，传统文化"忠"的理念，在被封建统治者实际利用的过程中，确实发生过"愚忠"路向上的偏移。但是拂去历史的尘埃，还原到"忠"的理念本身，会发现中华先哲所倡导的"忠"并非是无条件的"愚忠"，而是以君臣之间的相互义务、相互责任为前提。这表现在两个方面：

其一，君应以"礼"来配臣之"忠"。

据《论语》记载：

> 定公问："君使臣，臣事君，如之何？"孔子对曰："君使臣以礼，臣事君以忠。"①

在孔子心目中，"君使臣以礼"和"臣事君以忠"互为条件，大臣对君主的忠心，需要以君主对大臣的"尊重"来配合。那么，如果君主不能"使臣以礼"，大臣应该怎么回应呢？孟子给出一个很激进的答案。孟子说：

> 君之视臣如手足，则臣视君如腹心；君之视臣如犬马，则臣视君如国人；君之视臣如土芥，则臣视君如寇雠。②

---

① 《论语·八佾》。
② 《孟子·离娄下》。

孟子的观点是：君主如果把大臣当"手足"对待，那么大臣就应该把君主当"腹心"对待；君主如果把大臣当"犬马"即跑腿办事的人来对待，那么大臣就可以把君主当成普通人来对待；如果君主看不起大臣，把大臣当"土芥"对待，那么大臣就可以把君主当"仇人"来对待。孟子的这段话可以说把君臣之间的相互对待的关系强调到了极致。

其二，"君敬臣忠"的"忠"，并非要求大臣绝对服从。

儒学认为大臣应该"以道事君"，要坚守"道高于君"的理想。孔子讲："所谓大臣者，以道事君，不可则止。"[1] 即大臣要用最合乎仁义的方式来对待君主，如果这样行不通，宁肯辞职不干。大臣要尽心尽力为君主治国安邦出谋划策，即谓："事君，敬其事而后其食"[2]"立乎人之本朝，而道不行，耻也"[3]。为此，大臣不能欺骗君主，却可以为了正义冒犯君主，即"勿欺也，而犯之"[4]。在儒学看来，对大臣来说，"国亡而弗知，不智也。知而不争，非忠也。争而不死，非勇也"[5]。儒家还根据大臣在这方面的表现，对大臣进行了分类。即谓：

---

① 《论语·先进》。
② 《论语·卫灵公》。
③ 《孟子·万章下》。
④ 《论语·宪问》。
⑤ 《韩诗外传集释·卷一·第十二章》。

从命而利君谓之顺，从命而不利君谓之谄；逆命而利君谓之忠，逆命而不利君谓之篡；不恤君之荣辱，不恤国之臧否，偷合苟容，以持禄养交而已耳，谓之国贼。[①]

可见，在儒家看来，服从君主的命令，且对君主有好处，这种人是顺臣；服从君主的命令但对君主没好处，这种人是谄臣；违背君主的命令，但违背命令的原因是为了维护君主的根本利益，这种人是忠臣；违背君主的命令却对君主没好处，这种人是篡臣。不顾君主的荣辱，不顾国家的得失，只是苟且迎合君主、无原则地求取容身，以此来保住自己的俸禄、去豢养结交党羽，这种人叫做国家的奸贼。

对那些为了国家大义敢于坚持自己主张的"忠臣"，儒学给与了高度褒扬，称他们为谏、争、辅、拂之臣，即谓：

君有过谋过事，将危国家、殒社稷之惧也，大臣、父兄有能进言于君，用则可，不用则去，谓之谏；有能进言于君，用则可，不用则死，谓之争；有能比知同力，率群臣百吏而相与强君挢君，君虽不安，不能不听，遂以解国之大患，除国之大害，成于尊君安国，谓之辅；有能抗君之命，窃君之重，反君之事，以安国之危，除君之辱，

---

① 《荀子·臣道》。

功伐足以成国之大利，谓之拂。①

谏、争、辅、拂之臣被儒家视作社稷之臣、国君之宝，而君主对待这类大臣的态度则被儒家视作明君与暗主的分水岭。即谓："谏、争、辅、拂之人，社稷之臣也，国君之宝也，明君所尊厚也，而暗主惑君以为己贼也。"②

对无良暴君，儒家的态度相当激进，例如，孟子说："无罪而杀士，则大夫可以去；无罪而戮民，则士可以徙。"③他甚至大胆地提出"君有大过则谏；反覆之而不听，则易位"④的主张。再例如，荀子对汤武革命持支持态度，他讲："夺然后义，杀然后仁，上下易位然后贞，功参天地，泽被生民，夫是之谓权险之平，汤、武是也。"⑤荀子认为汤武革命的正义性就在于把国家从危险的局面中改变过来，实现了安定。

总之，"君子之事君也，务引其君以当道，志于仁而已。"⑥儒学"忠"的本义，绝非盲目顺从君主，绝非向君主谄媚、唯君命是从，而是要从国家大义考虑，为江山社稷着想，必要时候敢于冒颜犯谏才是中华传统文化所认可的"忠"。可以说，

---

① 《荀子·臣道》。
② 《荀子·臣道》。
③ 《孟子·离娄下》。
④ 《孟子·万章下》。
⑤ 《荀子·臣道》。
⑥ 《孟子·告子下》。

在如何处理君臣关系上，儒学始终有一个"道高于君"的理想，即谓：

> 入孝出弟，人之小行也；上顺下笃，人之中行也；从道不从君，从义不从父，人之大行也。①

（三）朋友关系

儒学重视朋友关系，对朋友的选择持非常慎重的态度，认为人若"得良友而友之，则所见者忠信敬让之行也。身日进于仁义而不自知也者，靡使然也"。②反之，倘若与"与不善人处，则所闻者欺诬诈伪也，所见者污漫、淫邪、贪利之行也，身且加于刑戮而不自知者，靡使然也"③。朋友能够让人受到潜移默化的重要影响。物以类聚、人以群分，通过这个人所交的朋友，便大致可判断这个人的品行，即"不知其子视其友，不知其君视其左右"④"以友观人，焉所疑"⑤。因此，"匹夫不可以不慎取友"⑥。关于选择什么样的人做朋友，如何选择朋友，以

---

① 《荀子·子道》。
② 《荀子·性恶》。
③ 《荀子·性恶》。
④ 《荀子·性恶》。
⑤ 《荀子·大略》。
⑥ 《荀子·大略》。

及如何与朋友交往等，儒学形成了独具特色的价值理念，深深影响了中国人。接下来，主要以《论语》为例，对这些价值理念做一管窥。

※　选择什么样的朋友

孔子对"朋友"进行了分类，他把"益友"分成三种，把"损友"也分成三种。即谓：

> 益者三友，损者三友。友直，友谅，友多闻，益矣。友便辟，友善柔，友便佞，损矣。[①]

在孔子看来，正直的人、信实的人、见闻广博的人，是三种值得交往的"益友"；谄媚奉承的人、当面恭维背面毁谤的人、夸夸其谈的人，是三种"损友"，应与之保持距离。孔子认为应该与比自己强的人交朋友，即"无友不如己者"[②]。因为只有与某方面比自己有优势的人交朋友，才能通过交朋友来帮助自身提高进步，这就是"以友辅仁"[③]。孔子喜欢小心谨慎、善于动脑的人，而不喜欢鲁莽的人。例如：

> 子路曰："子行三军，则谁与？"子曰："暴虎冯河，死

① 《论语·季氏》。
② 《论语·学而》。
③ 《论语·颜渊》。

而无悔者，吾不与也。必也临事而惧，好谋而成者也。"①

这段话中的"暴虎"指的是赤手空拳和老虎搏斗，"冯河"指的是不用船只就去渡河，这种人死了都不后悔，虽然看起来很勇敢，但在孔子看来却是鲁莽之人。孔子不喜欢这种人，他表示不会和这种人共事，他一定会找面临任务知道小心谨慎，善于谋略的人一起共事。孔子认为，最好能和"中行之人"交朋友，所谓"中行之人"指的是做事情能够恰到好处的人。但是"中行之人"很少，如果没有机缘与"中行之人"交往，孔子认为那也要选择"狂狷之人"交朋友，即谓：

> 不得中行而与之，必也狂狷乎！狂者进取，狷者有所不为也。②

"狂者"可以理解成性格直率的人，"狷者"指守节无为的人。因为性格直率的人不致于蒙蔽人，守节无为的人不做坏事，如果碰不上中行之人，也要和这两种人交朋友，至少不会受骗，也不会受到不良影响。

---

① 《论语·述而》。
② 《论语·子路》。

※　如何选择朋友

关于如何把值得交往的人从茫茫人海中筛选出来，孔子建议：

> 视其所以，观其所由，察其所安。人焉廋哉？人焉廋哉？[①]

孔子认为，考察一个人，可以从三方面入手：其一，"视其所以"，即看这个人与什么人交往，物以类聚、人以群分，他与什么人交往，他自己往往就是什么人；其二，"观其所由"，即要看这个人用什么手段达到自己的目的，手段不同，人品不同；其三，"察其所安"，即考察这个人安于什么，不安于什么。孔子认为，从这三个方面入手考察一个人，这个人便无处隐藏。

关于如何筛选出值得交往的人，孔子还建议从分析一个人所犯的错误入手，即谓：

> 人之过也，各于其党。观过，斯知仁矣。[②]

人非圣贤，孰能无过？孔子认为，人都会犯错，但是不同的人

---

① 《论语·为政》。
② 《论语·里仁》。

犯的错误却不相同，这就提供给人们一种观察人、考察人的方法，那就是通过仔细分析某人所犯的错误，就可以知道该人是什么样的人了。在"识人"方面，孔子反对的是"道听途说"，孔子认为，即使对大家都厌恶的人，也一定要亲自去考察；即使对大家都喜爱的人，也一定要亲自去考察。即谓："众恶之，必察焉；众好之，必察焉。"①

※　如何与朋友交往

关于如何与朋友交往，最为人所熟知的中华传统价值理念便是：朋友有信。

"信"的基本含义是讲信用、守诺言、诚实不欺。孔子认为人如果不讲诚信，便不能在世上立足，即谓："人而无信，不知其可也。大车无輗，小车无軏，其何以行之哉？"②当子路问孔子的志向时，孔子回答说："老者安之，朋友信之，少者怀之。"③可见，孔子将"朋友信之"视为他终身追求的道德目标之一。这一点，也被孔子的学生普遍认同，例如，子夏说过"与朋友交，言而有信"④，曾子一日三省，其中一个反省便是"与朋友交而不信乎"⑤，总之，讲诚信在中华传统文化的视

①《论语·卫灵公》。

②《论语·为政》。

③《论语·公冶长》。

④《论语·学而》。

⑤《论语·学而》。

野中是与朋友交往需要恪守的信条。

　　需要补充说明的一点是：如果不顾实际情况的变化，一味讲诚信，例如俗话所说的"言必信，行必果""一言既出，驷马难追"之类的做法是儒学所倡导的吗？答案是否定的。儒家先哲对"言必信，行必果"一般都持保留态度。《论语》记载：

　　　　子贡问曰："何如斯可谓之士矣？"子曰："行己有耻，使于四方，不辱君命，可谓士矣。"曰："敢问其次。"曰："宗族称孝焉，乡党称弟焉。"曰："敢问其次。"曰："言必信，行必果，硁硁然小人哉！抑亦可以为次矣。"①

当子贡问孔子什么样的人可以称为"士"时，孔子列举了三种情况，其中"言必信，行必果"仅被放在了第三位，而且他认为仅仅是勉强可以放在第三位。如果说孔子的态度还不够明确的话，关于不能为了诚信而诚信，孟子的说法就非常清晰了，即谓：

　　　　大人者，言不必信，行不必果，惟义所在。②

在此，孟子直截了当地表明了观点，他认为，有德行的人，说话不一定要句句守信，行为不一定要贯彻始终，只要与义同

---

① 《论语·子路》。
② 《孟子·离娄下》。

在，依义而行就可以了。荀子同样把"信"摆到了"义"之后，即"凡为天下之要，义为本而信次之"①。

儒家先哲之所以会对"言必信，行必果"持保留态度，源于他们以"时"的视角来看待问题，"时"即具体情境，"时"的特征是"变"。许下诺言的时候有当时许下诺言的具体情境，但在兑现诺言的时候，原来的情境有可能发生了比较大的变化，如果再按照当时的承诺去做，有可能就要违背仁义了。这时候应该怎么办呢？是一定要兑现当时的承诺，还是违背承诺遵从道义呢？儒家的选择显然是后一种。这就是孟子说出"言不必信，行不必果"，荀子说出"义为本而信次之"的原因所在。

当然，诚信终归是重要的，这就要求人们一开始许下承诺的时候就要特别慎重，要充分思考该承诺是否符合"义"，许下的承诺越符合"义"，将来顺利兑现的可能性就越大，正所谓"信近于义，言可复也"②，即如果能让自己许下的承诺接近义，那么所做的承诺就可以一遍遍重复，言外之意便是承诺能兑现、能经得起考验的意思。

总之，诚信是中华优秀传统文化所倡导的人际交往的基本原则，但是却不能为了诚信而诚信，如果事情的发展超出了许下承诺时的预期，导致如果继续履行承诺就会违背道义，那么就应该为了道义放弃诺言，不能为了诚信而诚信。为了尽量减

---

① 《荀子·强国》。
② 《论语·学而》。

少违背诺言的情况，在许下承诺的时候便要慎重。

"朋友有信"尽管重要，但也只是中华优秀传统文化所倡导的与朋友交往的诸多价值理念中的一条，更多的、适用范围更广的人际交往理念，出于行文方面的考虑，将在下文继续论析。下文所论"一般人际关系"可以看作是对"朋友关系"的拓展，其中绝大多数价值理念同样适用于朋友关系。

（四）一般人际关系

人生在世，能与之结成朋友关系的毕竟是少数人，人在社会上生存，还要处理比朋友更远一些的各种一般人际关系。关于一般人际交往，儒学亦形成了不少真知灼见，其精华部分涵养了中国人的品性，提升了中国人为人处世的智慧，构成了中华优秀传统文化的重要组成部分。关于这些价值理念，择要列举如下。

其一，避免隘与不恭。

根据前文可知，中华先哲对朋友的要求很高，但是，这并非意味着对一般人际交往也应该如此苛求。例如，在《孟子》这部书中，孟子提到了两个典型人物，一个是伯夷，一个是柳下惠，两个人在人际交往方面走了两个极端：

伯夷，非其君，不事；非其友，不友。不立于恶人之朝，不与恶人言；立于恶人之朝，与恶人言，如以朝衣朝冠坐于涂炭。推恶恶之心，思与乡人立，其冠不正，望望然去之，若将浼焉。[1]

伯夷这个人，不是他理想的君主他不去侍奉，不是他理想的朋友他不去结交。他不站在坏人主政的朝廷里，不同坏人说话。站在坏人的朝廷里、同坏人说话，对伯夷来说，就好比穿戴着礼服礼帽坐在稀泥炭灰上一样，不能忍受。伯夷把这种厌恶坏人坏事的心情推广开来，如果与一个层次低的人站在一块，那人的帽子没有戴正，伯夷便会垮着脸走开，好像自己会被弄脏似的。所以当时虽然有想任用伯夷的君主，但伯夷却不接受。他之所以不接受，是因为他对那些君主不满意，所以不屑于接受官职。但是，柳下惠与伯夷相比，恰恰走了另外一个极端。即谓：

> 柳下惠不羞污君，不卑小官；进不隐贤，必以其道，遗佚而不怨，厄穷而不悯。故曰："尔为尔，我为我，虽袒裼裸裎于我侧，尔焉能浼我哉！"故由由然与之偕而不自失焉，援而止之而止。援而止之而止者，是亦不屑去已。[2]

柳下惠不会因为侍奉坏君主而感到羞耻，不会因为自己官职小

---

[1]《孟子·公孙丑上》。

[2]《孟子·公孙丑上》。

而感到自卑。入朝做官，他不会隐藏自己的才能，但一定会坚持按照自己的原则去办事，而不会迎合这些君主去助纣为虐；即使不被重用，他也不怨恨；即使处于穷困中，他也不感到忧愁。柳下惠之所以能这样做，是因为他认为别人是别人，自己是自己，别人纵然赤身露体站在自己身边，自己也不会被玷污。所以，无论什么人他都可以与之相处，不失常态。有人牵住他，叫他留步，他就会留步。柳下惠之所以留下来，是因为他觉得他没有必要离开。对于伯夷和柳下惠的做法，孟子评价说："伯夷隘，柳下惠不恭。隘与不恭，君子不由也。"①孟子认为伯夷器量太小了，而柳下惠又不够严肃，器量小和不严肃，都不是君子所认可的处世方式。

**　其二，反求诸己。**

"反求诸己"简而言之就是遇到问题多从自身找原因，要有自我反省精神，这是中华优秀传统文化在人际交往方面的一贯立场。在与人交往的过程中，中华优秀传统文化提倡多关注对方长处，少苛责对方短处，这样才可以促进关系长期和睦，即谓：

> 人之性行虽有所短，必有所长。与人交游，若常见其短而不见其长，则时日不可同处；若常念其长而不顾其

---

① 《孟子·公孙丑上》。

短，虽终身与之交游可也。①

在与人交往的过程中，中华优秀传统文化提倡自身多付出、多承担，而要减少对别人的苛求，即谓：

> 体恭敬而心忠信，术礼义而情爱人，横行天下，虽困四夷，人莫不贵。劳苦之事则争先，饶乐之事则能让，端悫诚信，拘守而详，横行天下，虽困四夷，人莫不任。体倨固而心执诈，术顺墨而精杂污，横行天下，虽达四方，人莫不贱。劳苦之事则偷儒转脱，饶乐之事则佞兑而不曲，辟违而不悫，程役而不录，横行天下，虽达四方，人莫不弃。②

这段话告诉我们：外貌恭敬，内心诚信，遵循礼义并且性情仁爱，这样的人才会受到敬重；劳累辛苦的事抢先去做，有利可图的事能让给别人，谨守法度而又明察事理，这样的人才会受到人的信任；遇到劳累辛苦的事就逃避，遇到有利可图、得以享乐的事就毫不谦让地迅速抢夺，这样的人即使显贵四方，也会被人们所摒弃。遇事多反省自己，少责备别人，别人对你的怨恨自然就会少了，即谓："躬自厚而薄责于人，则远怨矣。"③

---

① 《袁氏世范·处己·人行有长短》。
② 《荀子·修身》。
③ 《论语·卫灵公》。

孟子以射箭做比喻，认为讲仁义的人，在为人处世的过程中就像比赛射箭的人一样：射箭的人必须先端正自己的姿式，然后再开弓；如果没有射中，也不会去埋怨那些胜过自己的人，只会反过来审查自己哪里没做好。即谓："仁者如射：射者正己而后发；发而不中，不怨胜己者，反求诸己而已矣。"[1]孟子建议，在人际关系遭遇挫折时，要多反省自身的不足：

> 爱人不亲，反其仁；治人不治，反其智；礼人不答，反其敬——行有不得者皆反求诸己，其身正而天下归之。[2]

亲近别人，别人却不亲近自己，这时要反省自己对别人是否做到了足够的仁爱；管理别人，却没管理好，这时应该反省自己是否拥有了足够的管理智慧；感觉自己以礼待人，但是却得不到对方的回应，这时就要反省自己待人是否足够恭敬。总之，在人际交往中，有任何事情没能达到预期效果都要反省自己的所作所为，孟子相信的是，当自己各方面都能做到位的时候，其它关系也就随之理顺了。

　　虽然在为人处世的过程中，遇到问题多找自己的原因、少苛责别人，确实是维持人际和谐、提高自身修养的必要途径，但儒家同时认识到了自我反省的限度问题，儒家所倡导的"反

---

① 《孟子·公孙丑上》。
② 《孟子·离娄上》。

求诸己"，绝非意味着要对自己一味地苛求。孟子举了这样一
个例子便表明了儒学的这一立场：

> 有人于此，其待我以横逆，则君子必自反也：我必
> 不仁也，必无礼也，此物奚宜至哉！其自反而仁矣，自
> 反而有礼矣，其横逆由是也；君子必自反也，我必不忠。
> 自反而忠矣，其横逆由是也；君子曰："此亦妄人也已矣。
> 如此，则与禽兽奚择哉！于禽兽又何难焉?"①

假如有一个人，对"我"蛮横无礼，孟子认为，作为君子遇到
这种情况，首先应该反省自己：一定是因为"我"不够仁，不
够有礼，否则，他怎么会用这种态度对待我呢？但是，经过
反省，"我"发现自己做到了仁和礼，但是那个人还是对"我"
蛮横无礼，那作为君子会进一步自我反省：一定是因为"我"
在仁和礼方面还不够尽力。但是经过这一轮再反省，"我"觉
得我尽力了，可是那人依然对"我"蛮横无礼。这时，孟子认
为，君子就没有必要再反省了。君子会把该人视作与禽兽类似
的人，对于禽兽又有什么好责备的呢？可见，自我反省绝非一
味地自我苛求。对此，应全面理解。

---

① 《孟子·离娄下》。

其三，不念旧恶。

"不念旧恶"通俗来说就是不记仇，不翻旧账。孔子说："伯夷、叔齐不念旧恶，怨是用希。"①意思是伯夷、叔齐不记别人的仇，别人对他们的怨恨也就少。在《论语》中，记载了一件事情：

> 互乡难与言，童子见，门人惑。子曰："与其进也，不与其退也，唯何甚？人洁己以进，与其洁也，不保其往也。②

这段话中的"互乡"是个地名，当时大家都认为互乡这地方的人难以相处，一般不愿意与之交往。但是，有一天，孔子却接见了从互乡来的一个童子，弟子们便对孔子的做法感到疑惑，孔子解释说："我是赞成他求上进，不赞成他退步。"言外之意就是这个童子来见孔子，在孔子看来就是追求上进，何必拒人于千里之外呢？做那么过分干什么呢？孔子说，这就如同别人修饰仪容要求上进，就应该赞成他的这种做法，而不要总是抓住他的过去不放。孟子也讲过类似的道理，孟子曰："西子蒙不洁，则人皆掩鼻而过之；虽有恶人，齐戒沐浴，则可以祀上帝。"③即如果西施身上沾染了肮脏的东西，别人走过的时候，

---

① 《论语·公冶长》。
② 《论语·述而》。
③ 《孟子·离娄下》。

也会捂着鼻子；即使面貌丑陋的人，如果他斋戒沐浴，也可以祭祀上帝。

需要说明的是，尽管儒家倡导"不念旧恶"，但这并非意味着无论怎样都要对对方好，以致于要当个"滥好人"，这不是儒家所赞赏的行为。从孔子对"以德报怨"的否定，就能够看出儒家的这一立场，即谓：

> 或曰："以德报怨，何如？子曰："何以报德？以直报怨，以德报德。"①

有人问孔子，用恩德来回报怨恨怎么样？孔子回答说："何以报德？"意思是别人对你不好，你却对他好，那如果碰上对你好的人，又该如何回报呢？孔子认为，不需要"以德报怨"，只需要以公平正直来对待怨恨，要用恩德来回报恩德。

其四，掌握分寸。

人与人相处，须掌握分寸，这是儒学一贯倡导的人际交往理念。以下以《论语》为例来揭示这一理念在人际交往中的具体应用。

例如，在与人交往时，孔子认为应对交往对象有一定的判断，然后再开口说话，遇到一个可以与之深入交流的人却没有

---

① 《论语·宪问》。

同他深入交流，这是"失人"；不能与之深入交流，却与之深入交流，这是"失言"。有智慧的人既不会"失人"，也不会"失言"，即谓："可与言而不与之言，失人；不可与言而与之言，失言。知者不失人，亦不失言。"①

　　例如，在劝谏别人时，孔子认为应对彼此之间的关系有准确定位，如果在未取得对方信任时，就贸然提批评性的建议，对方不仅不会接受，还有可能认为自己遭受了诽谤，即谓："信而后谏；未信，则以为谤己也。"②孔子认为即使劝导的是自己的朋友，也要掌握分寸，如果发现朋友所做之事不妥，可以忠心地劝告他，好好地引导他，但如果对方执意不听从，也就罢了，不要自取其辱，即谓："忠告而善道之，不可则止，毋自辱焉。③

　　例如，作为大臣，在与上级相处时，应掌握好说话的时机，尽量避免三种过失：不该表达的时候就表达了，这是急躁；该表达时却不表达，这是隐瞒；不看对方脸色便贸然开口，叫做瞎眼睛。这三种过失都不会达到交谈的目的，即谓："侍于君子有三愆：言未及之而言谓之躁，言及之而不言谓之隐，未见颜色而言谓之瞽。"④

　　再例如，作为有一定职权的人，应掌握好役使百姓的时

---

① 《论语·卫灵公》。

② 《论语·子张》。

③ 《论语·颜渊》。

④ 《论语·季氏》。

机，要在取得百姓的拥戴之后再役使百姓，否则就会招来怨恨，被百姓视为剥削，即谓："君子信而后劳其民；未信，则以为厉己也。"①

总之，儒家的人际交往理念提醒我们：人和人之间性格不同、价值观不同、社会角色不同、亲疏远近不同，这些不同在与人交往的时候都应该被充分考量，只有这样，才能做出恰如其分之举，才有可能营造出和谐的人际氛围。

三、中庸之道的适度调节

通过前文对儒学所倡导的人际交往理念的论析，我们可以很明显地感受到每一条价值理念在具体应用时都需要掌握好"度"。例如，"诚信"并非要求人不顾情境变化一味地"言必信，行必果"，"自我反省"也并非意味着一味的自我苛求，"不念旧恶"也绝非要求人"以德报怨"，至于"掌握分寸"更是直接与"适度"相关。总之，儒家伦理所要求的各项人际交往准则，其在具体落实的过程中，都有一个"适度"的问题。"适度"用儒学的话语来表述，就是"中庸"。

①《论语·子张》。

（一）中庸是恰到好处

"中庸"这个词，在现代话语体系中，往往被理解成好好先生、不走极端、折中主义等，但是，这种世俗意义上对"中庸"的理解实际上已经严重背离了儒学"中庸"的本义。在儒学的价值体系中，中庸完全不是这个意思。要澄清"中庸"的本义，只能从澄清对"中庸"的误解谈起。

其一，中庸不是毫无原则的"好好先生"。

"好好先生"的主要特点就是不敢表露立场，左右讨好，害怕得罪人。而这恰恰是儒学批判的对象。

> 孔子曰："过我门而不入我室，我不憾焉者，其惟乡原乎！乡原，德之贼也。"[1]

孔子讲，从"我"这里经过却没到"我"这里来，"我"不觉得遗憾。言外之意就是，有机会与某人深入交往，却没有和他深入交往，孔子不觉得遗憾。这种让孔子错失交往机会也不觉得遗憾的人，孔子称之为"乡原"。关于"乡原"，孟子做了进一步的解释：

———————————

[1]《孟子·尽心下》。

> 言不顾行，行不顾言，……阉然媚于世也者，是乡
> 原也……非之无举也，刺之无刺也，同乎流俗，合乎污
> 世，居之似忠信，行之似廉洁，众皆悦之，自以为是，而
> 不可与入尧、舜之道，故曰"德之贼"也。[1]

在孟子看来，言行不一致，说什么、做什么都是为了讨好世俗，这种人就是"乡原"。对于这种人，想批评他却一般找不着他的错，想抓他把柄一般也抓不着，因为他非常圆滑。而且孟子指出，这种人往往还带着一副忠厚老实相，大家都喜欢他，他自我感觉也很良好。但是仔细分析这个人的言行，却可以发现离尧舜之道差远了，所以被称之为"德之贼。"孟子所描述的"乡原"就是典型的好好先生。可见，"乡原"之类的好好先生是儒学批判反感的对象。与对"乡原"的斥责相反，儒学极为推崇"中庸"：

> 子曰："中庸之为德也，其至矣乎！民鲜久矣。"[2]

可见，在孔子心目中，中庸是最美好的品德。一个是儒学所厌弃的，一个是儒学所推崇的，即使单从逻辑上进行推论，在儒学的思想价值体系中，中庸也不可能是好好先生。事实上，孔

---

① 《孟子·尽心下》。
② 《论语·雍也》。

子赞赏的是"和而不流，强哉矫；中立而不倚，强哉矫"①的君子人格；孟子倡导的是"富贵不能淫，贫贱不能移，威武不能屈"②的不畏权贵、不媚世俗、敢于正道而行的大丈夫气概；荀子赞赏的是"权利不能倾也，群众不能移也，天下不能荡也。生乎由是，死乎由是"③的"德操"。总之，中庸与市侩媚俗、无原则、无操守的好好先生是完全不同的，二者根本不可相提并论。

其二，中庸并非不走极端的折中主义。

长期以来，很多人把"中庸"误解成折中主义，这恐怕与孔子对"中庸"的一个表述有关。孔子说过：

> 舜其大知也与！舜好问而好察迩言，隐恶而扬善，执其两端，用其中于民，其斯以为舜乎！④

孔子的意思是说，舜可真是具有大智慧的人啊！他喜欢向人提问题，又善于分析别人浅近话语里的含义；他隐藏别人的坏处，宣扬别人的好处；他"执其两端，用其中于民"，这就是舜高明的地方吧！孔子这段话中"执其两端，用其中于民"很

---

① 《中庸》。
② 《孟子·滕文公下》。
③ 《荀子·劝学》。
④ 《中庸》。

容易被人误解成折中主义。但是实际上，中庸和折中主义没有关系。

　　关于"执其两端"中的"两"，首先可以被理解成相互对立、相反相成的两个方面。中华先哲通过对社会生活的观察体认，认识到了事物一般都包含着相反相成的两个方面，"两"具有普遍性，例如《周易》讲："一阴一阳之谓道"①，再如《老子》讲："有无相生，难易相成，长短相形，高下相盈，音声相和，前后相随"②。既然"两"具有普遍性，这就要求作为主体的人在认识和处理各种问题时，能将事物所包含的两个相互对立的方面联系起来进行考察，这就是"执两"，倘若不是"执两"而是"执一"，仅着眼于其中的一个方面，而忽略另一方面，便会陷入片面。其次，"两"在中华传统思想体系中还可以被理解成两个不恰当点，"执两"不是要在"正确"与"错误"这两点之间和稀泥、取中间，而是要在两个不恰当点之间寻求恰当点。矫"不正"以归于"正"，戒"过"免"不及"以合乎"中"，这才是"执两用中"的本意。这正如朱熹所说：

　　　　盖凡物皆有两端，如小大厚薄之类。③
　　　　当厚而厚，即厚上是中；当薄而薄，即薄上是中。④

---

① 《周易·系辞上传》。
② 《老子》第二章。
③ 《四书章句集注·中庸章句》。
④ 《朱子语类·卷六十三·中庸二》。

可见，朱熹认为，该厚的时候厚了，厚就是中庸；该薄的时候薄了，薄就是中庸。中庸绝不是要求人不分青红皂白一律从厚薄之间取中间。

　　理解了"执两用中"的实质，便可以进一步认清"中庸"与"不走极端"没有关系。例如，在人际交往中，与人绝交属于极端的做法，但是，孔子却说："道不同，不相为谋"①；再例如，"赴死"显然也是一种极端的做法，但是当生死与道义发生冲突时，孔子认为应"杀身成仁"，孟子倡导"舍生取义"。可见，以仁义为标准，如果在某种情况下，"绝交"是最恰当最合适的选择，那么"绝交"就是中庸；以仁义为标准，如果在某种情况下，"赴死"是最恰当、最合适的选择，那么"赴死"就是"中庸"。可以说，"中庸"和"不走极端"没有关系，它只和恰当不恰当、合适不合适有关系。正如朱熹所说：

　　　　这个中本无他，只是平日应事接物之间，每事理会教尽，教恰好，无一毫过不及之意。②

　　《论语》记载了孔子和子贡的一段对话，也表达了这层意思：

---

① 《论语·卫灵公》。
② 《朱子语类·卷一百二十四·陆氏》。

　　　　子贡问："师与商也孰贤？"子曰："师也过，商也不及。"曰："然则师愈与？"子曰："过犹不及。"①

当子贡问孔子"师"和"商"这两个学生哪一个更好一些呢？孔子回答说，师这个学生就做过了，商这个学生做得还不够。子贡接着问，是不是多做一些的更好呢？孔子回答说"过犹不及"，即做过了和做得不够一样都不好。

　　总而言之，以儒学为代表的中华传统文化所倡导的"中庸"，不是让人做好好先生，不是让人不走极端，而是要求人从全面处考虑问题，寻求恰到好处之点。可以说，中庸是做一件事情所能采取的最恰当的方式、最适宜的态度，中庸就是恰到好处。

（二）达致中庸的关键：时中

　　中庸是恰到好处，怎样做才能让自己的行为恰到好处呢？除了前文提到的从全面处着眼之外，还要掌握一个精髓即"时中"。大千世界千变万化，新事物、新状况层出不穷，社会规范往往滞后于社会现实和具体情况，具有非同步性。很显然，仅靠机械地、教条地去修身处世，而不能适应外界环境的变化，是不可能做到恰到好处的。要避免机械化和教条化，在

————————
① 《论语·先进》。

儒学看来，就是要做到"时中"，即"君子之中庸也，君子而时中"①。

关于"时"，在前面的章节中已有论述，简而言之，"时"可以引申为"机遇"、"时机"等意，"时中"也就是要根据不断变化的客观情况灵活处理问题、审时度势，相"时"而动、随"时"而中，不拘泥，不教条。儒家非常看重"时"，他们把善于掌握"时"看作是智慧的标志和君子行事的前提。孔子曾把自己同伯夷、伊尹、柳下惠等几个逸民作比较，这些人都是在当时的社会背景下大家普遍认可的品性比较高洁的人。孔子同这些人做完比较之后，认为自己和这些人都不一样："我则异于是，无可无不可。"②"无可无不可"，即"不是一定做什么，不是一定不做什么"的意思，对于孔子的这一自我评价，孟子讲：

伯夷，圣之清者也；伊尹，圣之任者也；柳下惠，圣之和者也；孔子，圣之时者也。孔子之谓集大成。③

可见，在孟子的心目中，孔子比伯夷、伊尹、柳下惠都要高明，因为孔子做到了"无可无不可"，堪称圣人中的识时务者。对于"无可无不可"这句话我们应该这样去理解："无可无不

①《中庸》。
②《论语·微子》。
③《孟子·万章下》。

可"并不是随心所欲、不讲原则，一会这样、一会那样，而是
指行为调整始终以不变的道义作支撑。对此，孔子曾明确说：
"君子之于天下也，无适也，无莫也，义之与比。"①君子在天
下行事，不是一定要怎么样，不是一定不怎么样，君子不会拘
泥于这些教条，尽管不拘泥教条，但也不是随心所欲，而是一
切以"义"做参照，即去做应该做的事，这就是"义之与比"。
《论语》记载了孔子与学生间的一段对话，可作为孔子"无可
无不可"但是又"义之与比"的典型例证：

> 子路问："闻斯行诸？"子曰："有父兄在，如之何其
> 闻斯行之？"冉有问："闻斯行诸？"子曰："闻斯行之。"公
> 西华曰："由也问闻斯行诸，子曰'有父兄在'；求也问闻
> 斯行诸，子曰'闻斯行之'。赤也惑，敢问。"子曰："求
> 也退，故进之；由也兼人，故退之。"②

子路问孔子："听到一件合于义理的事，可以立刻去做吗？"孔
子回答说："父亲和兄长还健在，怎么可以不先请教他们就去
做呢？"之后，冉有又来问了老师同样的问题，结果孔子回答
说，立刻去做吧。在孔子回答这两个学生问题时，另外一个学
生公西华一直都在，公西华很疑惑，不明白孔子为什么同样

---

① 《论语·里仁》。
② 《论语·先进》。

的问题却给出了不同的答案。孔子解释说："冉有性格优柔寡断，所以我要鼓励一下他；而子路行事鲁莽，所以我就节制一下他。"看起来孔子给了不同的学生同样的问题以不同的答案，这就是孔子的"无可无不可"，但是"无可无不可"背后的精神却是一样的，那就是要给学生以最佳指导。这就是"因材施教"，因材施教就是儒学所倡导的中庸之道在教育领域的贯彻。可见，"时中"虽然能让人灵活变通，但绝不是让人当墙头草，"时中"仍然要坚守原则。

　　"时中"的过程实际上就是权变的过程。"权"本来的含义是秤砣，秤砣必须根据货物的重量不同，在秤杆上来回调节，才能保持秤杆的平衡，进而称出准确的重量。后来，"权"就引申为权变之权，即根据情况灵活应变的意思。孔子给与"权"高度评价，认为"权"是比"共学""适道""立"难度更高的事情，即谓："可与共学，未可与适道；可与适道，未可与立；可与立，未可与权。"①关于"权"，《全唐文》记载了唐人冯用之的一段话，这段话对"权"解释得很到位，即谓：

　　　　夫权者，适一时之变，非悠久之用。……圣人知道德有不可违之时，礼义有不可施之时，刑名有不可威之时，由是济之以权也，应于事变之谓权。②

----

① 《论语·子罕》。
② 《全唐文·卷四〇四·冯用之〈权论〉》。

可见，"权"就是在尊重原则的情况下所做的一种灵活变通，各种道德原则有轻重缓急之分，有时还会产生冲突，这时必须根据实际情况进行权衡和选择，如果固执死理，表面上是坚持原则了，实际上则是有害的。这正如孟子所说：

> 权，然后知轻重；度，然后知长短。①
> 执中无权，犹执一也。所恶执一者，为其贼道也，举一而废百也。②

在孟子看来，权度之后才能分清轻重长短，如果缺乏变通，就和固执不变一样有害了。《孟子》书中有一个例子很生动地说明了"权变"的重要性：

> 淳于髡曰："男女授受不亲，礼与？"孟子曰："礼也。"曰："嫂溺，则援之以手乎？"曰："嫂溺不援，是豺狼也。男女授受不亲，礼也；嫂溺，援之以手者，权也。"③

从孟子对"嫂溺"的处理方式，可以看出孟子抓住了"礼"的实质，在"嫂溺"的危机时刻，孟子把尊重爱护人的生命放到了第一位，而把"男女授受不亲"的礼暂时放到了第二位，孟

---

① 《孟子·梁惠王上》。
② 《孟子·尽心上》。
③ 《孟子·离娄上》。

子认为如果为了抱守"礼"而见死不救，那么这个人表面上是维护了"礼"，而实际上却背离了"礼"的实质即"仁义"，那就和豺狼没有区别了。从这个例子中，我们可以感受到，"权"是针对实际情况、具体问题所采取的灵活对策，是在经过轻重缓急、得失利害的充分比较之后所做出的行为抉择。

　　"中庸"在儒学中的地位非常重要，在儒学的思想体系中，从一切道德规范的运用到诸德之间的配合，从个体修养到社会秩序，所能采用的最佳方法就是"中庸"，所能达到的最高境界也是"中庸"。"中庸"以客观事物的复杂性、多样性和多变性为基础，强调与"时"俱化，随"时"而"中"，这正如程颐所说的那样："时中者，当其可而已，犹冬饮汤、夏饮水而已之谓。"[1]可以说，儒学所倡导的诸多价值理念是"原则"，而"中庸"则赋予这些"原则"以灵活性，它体现的是一种辩证思维，闪耀着理性认知的光辉，凝结着高度的哲学智慧。

---

① 《河南程氏经说·卷第八》。

第五章

家国情怀层面中华优秀传统文化的核心理念

爱国主义即国民对自己祖国的热爱，是一种普遍性的情感，这种普遍性的情感因不同文化环境的滋养而呈现出不同的特点。在以儒学为主体的中华传统文化的熏陶浸染下，中华民族的爱国主义主要表现为浓郁的家国情怀。所谓"家国情怀"，在中华文化系统中，指的是将国家与家庭、社会与个人视作密不可分的整体，将个体成长、家族发展与国家命运紧密结合在一起，从而产生出对族群、对国家高度的认同感、归属感、责任感和使命感。家国情怀是中华民族战胜艰难险阻、砥砺奋进的精神动力。习近平总书记指出："中国人历来抱有家国情怀，崇尚天下为公、克己奉公，信奉天下兴亡、匹夫有责，强调和衷共济、风雨同舟，倡导守望相助、尊老爱幼，讲求自由和自律统一、权利和责任统一。"①

一、以群为重　心忧天下

中华优秀传统文化"以群为重，心忧天下"的价值理念是孕育中华民族家国情怀的价值根柢。这种价值理念的确立，一

---

① 习近平：《习近平在全国抗击新冠肺炎疫情表彰大会上的讲话》，载《人民日报》2020年9月9日02版。

方面与中国古代农耕为主的生产方式以及家国同构的社会结构有关，因为农业生产需要大量的劳动力，只有分工协作才能获得最大的劳动效益，只有把群体利益摆在首位才不致于造成家、国的分崩离析。另一方面，这种价值理念的确立则得益于儒家思想的大力倡导，儒学具有强烈的合群体性的特征，这种合群体性特征主要表现在如下三个方面。

（一）将人视作"群"的存在

在儒学视野中，"人"不是孤零零的个体，而是"群"的存在，个人寓于群体之中，是有社会角色、社会责任、社会义务在身的社会人。每个人都须按照社会关系定位自身，根据自身的社会角色来承担相应的权利、责任和义务。例如，为父则要"父慈"，为子则要"子孝"，为兄则要"兄友"，为弟则要"弟恭"，为君则要"使臣以礼"，为臣则要"事君以忠"等等。儒学所倡导的诸多道德规范指向的都是群体利益，表征的都是人与人之间相互的责任和义务。

儒学的价值理念几乎全部都围绕人的合群体性而建构，可以说，"合群体性"是儒学的鲜明特征，建构群体生活秩序是儒学的目标。以儒学的核心主张"仁"为例，从词源来看，《说文解字》释"仁"曰："亲也，从人，从二"，"仁"的字形表征的就是人与人之间的关系；从词意来看，《论语》将"仁者爱人"视做"仁"最基本的含义，"仁者爱人"就是要爱"我"之外的其他人，这种"爱"首先指向的是以父母、子女、兄弟为代表的家族成员，然后再从爱自己的父母、子女、兄弟出发，推而广之爱社会上的其他人，即"老吾老，以及人之老；幼吾幼，以及人之幼"①。可见，无论从词源还是儒学本意来看，"仁"指向的都是人与人之间关系的凝聚。

儒学认为"人生不能无群"②，因为儒学认识到了个体能力的有限性，人必须存身于群体之中，必须依赖他人而存在，离群索居没有出路，即谓：

一人之身，而百工之所为备。③

百技所成，所以养一人也。而能不能兼技，人不能兼官，离居不相待则穷，群而无分则争。④

在儒学看来，人只有在群体中才能体现出人的优越性，即"力不若牛，走不若马，而牛马为用，何也？曰：人能群，彼不能群也。"⑤"善群"因此在儒学的视野中是成为君主的必备素质，即谓："君者，善群也。"⑥

---

① 《孟子·梁惠王上》。
② 《荀子·王制》。
③ 《孟子·滕文公上》。
④ 《荀子·富国》。
⑤ 《荀子·王制》。
⑥ 《荀子·王制》。

　　为了要更好的"群"，儒学从创始时期便着手探索各种解决方案，孔子提出的解决方案是"正名"。所谓的"名"在社会伦理意义上，是人之社会角色的表征，不同的"名"附带着不同的伦理属性，包含着不同的权利、责任、义务和德才要求，可以给人定位。孔子讲：

> 名不正，则言不顺；言不顺，则事不成；事不成，则礼乐不兴；礼乐不兴，则刑罚不中；刑罚不中，则民无所错手足。[①]

在孔子的视野中，"正名"是和谐社会关系、使"群"之为"群"的制度前提。因而，当齐景公问政于孔子时，孔子对曰："君君，臣臣，父父，子子。"[②]"君君"是指享有君之名的人要有"君"的威严，要具备"君"之名所要求的才能和德行，真正起到"君"的作用；"臣臣"是指享有"臣"之名的人，要有"臣"的样子，胜任"臣"的职能；"父父"是指享有"父"之名的人要有为"父"的尊严，尽到为"父"的责任；"子子"是说享有"子"之名的人，要有当"子"的姿态，尽到当"子"的义务。

　　可见，在社会领域，儒家的"正名"就是要用"名"来匡

---

① 《论语·子路》。

② 《论语·颜渊》。

正人的行为，使人人都能对自己在群体中的定位有准确认知，都能对自身的权利、责任、义务有自知之明，从而促使人自觉地将言行对号入座，自觉接受"名"所对应的道德规范的约束，扮演好自己的社会角色。儒学认为，如果每个社会成员都能明晰自身在群体中的角色并承担起该社会角色所附带的权利和义务，每个人都能各司其职，各位其所当位，"欲为君，尽君道；欲为臣，尽臣道"[1]"不在其位，不谋其政"[2]，那么，整个社会便可以井然有序、层级分明、有效运转了。

　　荀子以其"群分"思想进一步完善了孔子用"正名"来匡正社会秩序的方案。"正名"的过程就是"分"的过程，"分"即差别，其形式多种多样，有长幼之"分"、贵贱之"分"、贤愚之"分"等等。关于"分"的作用，荀子论述道：

　　　　贵贱不明，同异不别，如是则志必有不喻之患，而事必有困废之祸。故知者为之分别，制名以指实，上以明贵贱，下以辨同异。贵贱明，同异别，如是则志无不喻之患，事无困废之祸，此所为有名也。[3]

在荀子看来，贵贱如果不能明确，同异如果不能分别，那么思想就会有表达不清的忧患，而事物就会有困顿废弃的祸患，所

---

① 《孟子·离娄上》。
② 《论语·宪问》。
③ 《荀子·正名》。

以，有智慧的人会致力于明贵贱、别同异。可见，在荀子的视野中，"分"的目的是为了更好的"群"，"分"可以确保"群"不是松散而随意地简单聚集和机械相加，而成为层级分明、井然有序的存在，这样才能凝聚群体的力量。即谓："人生不能无群，群而无分则争，争则乱，乱则离，离则弱，弱则不能胜物。"①因而，儒家将"无分"看作"人之大害"，将"有分"视为"天下之本利"、人君"所以管分之枢要也"。即谓："故无分者，人之大害也；有分者，天下之本利也；而人君者，所以管分之枢要也。"②

　　"分"的制度设计就是"礼"，"礼"是正确处理"群"与"分"之间关系的保障，"礼"作为伦理秩序和社会规范，对各种社会角色所应附带的权利、责任、义务进行了明确细致的规定，荀子说："君臣不得不尊，父子不得不亲，兄弟不得不顺，夫妇不得不驩，少者以长，老者以养。故天地生之，圣人成之。……礼之于正国家也，如权衡之于轻重也，如绳墨之于曲直也。故人无礼不生，事无礼不成，国家无礼不宁。"③可见，"礼"可以在保持人与人之间差别的同时，能够对人与人之间的关系进行协调和维护，使"贵贱有等，长幼有差，贫富轻重皆有称者也"④，这样便可以使人各守其分、各安其职、各得其

①《荀子·王制》。
②《荀子·富国》。
③《荀子·大略》。
④《荀子·富国》。

所，从而使"群"和谐有序。即谓：

> 礼及身而行修，义及国而政明，能以礼挟而贵名白，天下愿，令行禁止，王者之事毕矣。[①]

总之，儒学将人视作"群"的存在，强调人对"群"的依赖。为了使群体和谐运转，儒学建构了一整套以"正名""分""礼"等为主要内容的制度设计和伦理规范。在漫长的封建社会中，伴随着儒学的影响，它们涵育、强化着中华优秀传统文化"以群为重"的价值理念。

（二）倡导为群体做贡献

在儒学视野中，"成己"与"成人"是一体的，"独善其身"理应过渡到"兼济天下"。当子路问孔子什么是君子时，师生之间展开了这样一段对话：

> 子路问君子。子曰："修己以敬。"曰："如斯而已乎？"曰："修己以安人。"曰："如斯而已乎？"曰："修己以安百姓。修己以安百姓，尧舜其犹病诸！"[②]

---

① 《荀子·致士》。
② 《论语·宪问》。

在孔子看来，君子绝不能仅仅止步于"修己以敬"，君子一定
要有"修己以安人"、"修己以安百姓"的理想和抱负。当学生
问起孔子的理想时，孔子回答说，他希望他自己能够让"老者
安之，朋友信之，少者怀之"①，即孔子希望自己能够成为对周
围人有益的人，能给后世留下值得怀想的事迹。孔子特别推崇
"博施济众"，甚至认为其比"仁"的境界还高，孔子和子贡
的一段对话即表明了孔子的这一观点：

> 子贡曰："如有博施于民而能济众，何如？可谓仁
> 乎？"子曰："何事于仁！必也圣乎！"②

可以说，从孔子开始，儒学就开启了将个体价值与群体
价值紧密相连的思想路向。儒家从不满足于"独善其身"，而
是心系天下、忧国忧民，儒家本身就是一个有着强烈历史使命
感和社会参与意识的思想学派，对于社会政治生活，儒家从来
都不是一个旁观者。孔子面对春秋末期礼坏乐崩的社会混乱局
面，痛心疾首，为实现以"仁道"为社会纠偏的宏图大志，他
不辞辛劳、四处奔走、游说列国，虽然屡遭困厄，到处碰壁，
但从未放弃努力。直接努力不奏效，孔子便转而收徒讲学、诲
人不倦，希图通过扩大学说影响来改善社会局面。孔子自我评

---

① 《论语·公冶长》。

② 《论语·雍也》。

价说："发愤忘食，乐以忘忧，不知老之将至云尔。"①当一些隐者讥讽孔子的济世行为时，孔子则回答说："鸟兽不可与同群，吾非斯人之徒与而谁与？天下有道，丘不与易也。"②孔子所表达的意思是："我不是鸟兽，我不能满足于与鸟兽在一起，天下若是有道，我就不用出来推动社会变革了。"可见，面对社会的不完美，孔子做不到袖手旁观。对于孔子这段话，朱熹和程子理解得十分精当，朱熹注解说："言所当与同群者，斯人而已，岂可绝人逃世以为洁哉？"③程子解释说："圣人不敢有忘天下之心，故其言如此也。"④

　　后继儒者继承了孔子这种心忧天下的精神，发表了很多光辉言论，例如，司马迁说："常思奋不顾身，而殉国家之急"⑤；贾谊讲："国耳忘家，公耳忘私"⑥；范仲淹云："居庙堂之高，则忧其民；处江湖之远，则忧其君。是进亦忧，退亦忧；然则何时而乐耶？其必曰：'先天下之忧而忧，后天下之乐而乐'乎"⑦；陆游讲："位卑未敢忘忧国"⑧；明清之际黄宗羲亦曰："不以一己之利为利，而使天下受其利，不以一己之害为害，而使

---

① 《论语·述而》。
② 《论语·微子》。
③ 《四书章句集注·论语集注卷九》。
④ 《四书章句集注·论语集注卷九》。
⑤ 《报任安书》。
⑥ 《汉书·贾谊传第十八》。
⑦ 《岳阳楼记》。
⑧ 《病起书怀》。

天下释其害"①；顾炎武曾慷慨陈词："天生豪杰，必有所任，如人主之于其臣，授之官而与以职。今日拯斯人于涂炭，为万世开太平，此吾辈之任也"②；傅山亦云："排难解纷，济人利物，是大丈夫本分事。"③

　　总之，"保国者，其君其臣肉食者谋之；保天下者，匹夫之贱与有责焉耳矣"④。儒学就是这样，将个体价值与群体价值紧密相连，将群体价值视作个体价值的参照系，把个体为群体所尽的责任和义务，即个体对家庭、对社会的贡献看作是衡量个体价值的标尺，认为人应该在有生之年，尽量多做对群体有意义的事情，进德修业，死而后已。当个体利益与群体利益发生冲突时，儒家主张要以群体利益为重，必要时须勇于牺牲个体利益以成全群体利益，甚至应舍生取义、杀身成仁。在儒学的影响下，中国自古以来便看重个体对群体的贡献，看重个体行为对当代和后世的影响，而不是一己之得失。中华文化传统认为通过建功立业，肉体虽然消亡了，但所做出的业绩却可惠及后世，为后世所铭记，这也便成就了不朽。

---

① 《明夷待访录·原君》。
② 《亭林文集·卷三·病起与苏蔌门当事书》。
③ 《霜红龛集·卷三十七杂记二》。
④ 《日知录·卷十三·正始》。

（三）寓个体价值于群体价值之中

需要澄清的一点是，儒学影响下的中华传统文化重视群体，但这并非意味着忽略和抹煞个体价值，而是主张在不妨碍群体价值的前提下实现个体价值，或者在实现群体价值的过程中实现个体价值。个体价值和群体价值并不对立，二者完全可以互通互融、相互促进，这是中华文化的主流看法。这一认知主要体现在以下两个方面：

其一，重视个人的才能，鼓励人"出乎其类，拔乎其萃"。例如，墨子主张"尚贤"，孔子倡导"举贤才"，孟子主张"贤者在位，能者在职""尊贤使能，俊杰在位"[①]；荀子提倡"尚贤使能"[②]"无德不贵，无能不官"[③]等。需要指出的是，中华先哲推崇贤人，但反对贤人"倨傲僻违以骄溢人"[④]，而主张"贤人"应该具有"以能问于不能，以多问于寡；有若无，实若虚"[⑤]的胸怀。同时，更重要的是"贤人"应该能够容纳才能德行比自己低的人，并且帮助他们一起进步，即"君子能则宽容易直

①《孟子·公孙丑上》。
②《荀子·王制》。
③《荀子·王制》。
④《荀子·不苟》。
⑤《论语·泰伯》。

以开道人"①"贤而能容罢，知而能容愚，博而能容浅，粹而能容杂"②"致贤而能以救不肖，致强而能以宽弱"③。可见，中华传统文化所推崇的"贤才"是有群体观念的贤才，既才能突出，又谦逊宽容，即谓"尊贤而容众，嘉善而矜不能"。④

　　其二，肯定士君子的独立人格，赞赏其意志、气节和尊严。"以群为重"并不等于要求个体放弃自身的独立人格和见解，儒学认可的是"三军可夺帅也，匹夫不可夺志也"⑤。甚至认为，面对真理，连老师都不必谦让，即"当仁，不让于师"⑥。为了维护道义，儒家认为即使是面对至高无上的君主，士君子也不应退缩，而应坚持"以道事君"，当"道统"与"君统"出现紧张之时，应该具备"从道不从君"⑦的勇气。儒学还认为，只要自身举止言行符合"道义"，就不必顾忌俗世的看法。例如，孔子说："笃信好学，守死善道。危邦不入，乱邦不居。天下有道则见，无道则隐。"⑧孟子曰："人知之，亦嚣嚣；人不知，亦嚣嚣。"⑨荀子亦讲："天下知之，则欲与天下

----

① 《荀子·不苟》。
② 《荀子·非相》。
③ 《荀子·仲尼》。
④ 《论语·子张》。
⑤ 《论语·子罕》。
⑥ 《论语·卫灵公》。
⑦ 《荀子·臣道》。
⑧ 《论语·泰伯》。
⑨ 《孟子·尽心上》。

同苦乐之；天下不知之，则傀然独立天地之间而不畏。"①总体而言，儒学对于勇肩道义、有个性、有立场、不随声附和的人赞赏有嘉，即谓："不诱于誉，不恐于诽，率道而行，端然正己，不为物倾侧，夫是之谓诚君子。"②而对事事无争、一团和气、无是非道义观念的人则很鄙视，认为这种做法是"妾妇之道"，即谓："以顺为正者，妾妇之道也。"③

综上所述，儒学把"人"看作"群"的存在，以"群"作为协调人际关系的旨归，在个人与群体的关系上，强调"群"对个体的制约，主张在群体中为个体"正名"，要求个体依"礼"行事，自觉承担起自身社会角色所应该承担的责任和义务，以"群"为本位，集体观念浓郁。在"群体本位"的前提下，儒家也重视个体价值，肯定个体的才华，尊重个体的人格、气节和尊严，即肯定道德主体有特立独行的自由，但是，这种自由不是唯我独尊的自由，而是以仁义道德为标准和限阈的自由。

儒学的上述价值取向在中国历史进程中被大力弘扬，"以群为重"由此成为了中华传统文化的特色，构成了中华民族的责任意识、担当意识、群体意识的思想渊源，而这些正是家国情怀的精髓和真谛。在这些价值理念的熏陶之下，中华民族成长为以社会整体利益为最高准则、以天下兴亡为己任的识大

---

① 《荀子·性恶》。

② 《荀子·非十二子》。

③ 《孟子·滕文公下》。

体、顾大局的民族，培养起了强烈的社会责任感、历史使命
感，以及浓厚的集体主义情结，这是中华民族具有强大凝聚力
的内在动因之一。在这些理念的熏陶下，中华民族倾向于把个
体的价值放到群体中、放到历史的洪流中去考察，在做事情的
时候，中国人大多会顾及到个体行为的社会影响，即使是万人
之上的封建帝王也要在一定程度上考虑到群众的意愿，单纯从
个人出发的"为所欲为"，不符合中华民族的主流价值观。在
这种价值理念的引导下，当个人利益与集体利益发生冲突时，
中华民族总能以大局为重，甘于牺牲、奉献；在祖国处于战乱
之时，中华民族总能团结一致，奋起抵抗，互相支援、不屈不
挠地斗争到最后；在和平时期，这种利群爱国的精神又转化
为积极参与祖国建设、自觉维护国家统一、民族团结的实际
行动。鲁迅先生总结说："我们从古以来，就有埋头苦干的人，
有拼命硬干的人，有为民请命的人，有舍身求法的人，……虽
是等于为帝王将相作家谱的所谓'正史'，也往往掩不住他们
的光耀，这就是中国的脊梁。"①

---

① 鲁迅：《中国人失掉自信力了吗》，载《且介亭杂文》，南京：译林出版社，
　　2013年，第97页。

二、以民为本　济世安民

"以群为重"的价值取向投射到政治领域，便演化为以民为本、济世安民的理念。"民本"意味着将社会成员的大多数，看成是政权的根基。中华传统文化尤其是儒学，尽管维护"君权"，但并不漠视民众，并不允许君主为所欲为，并不纵容君主的残暴苛刻，而是主张"因民之所利而利之"①，认为"天下国家之大务莫大于恤民"②，总是力倡体恤民情、实行王道政治。习近平总书记指出，"在漫长的历史进程中，中华民族创造了独树一帜的灿烂文化，积累了丰富的治国理政经验"③，其中，以民为本、济世安民的理念便是中华传统政治伦理的精华。

（一）视民心向背为政权稳固的根基

中国古代的民本思想萌芽可以追溯至西周，西周统治者在

---

① 《论语·尧曰》。
② 《晦庵先生朱文公文集·卷十一·庚子应诏封事》。
③ 习近平：《牢记历史经验历史教训历史警示　为国家治理能力现代化提供有益借鉴》，载《人民日报》，2014年10月14日01版。

商朝灭亡的过程中，看到了民众的力量，他们吸取商朝灭亡的教训，提出了明德慎罚、敬德保民的思想，开始在治国方略中注入德政的新因素。即谓：

> 皇天无亲，惟德是辅；民心无常，惟惠之怀。[①]
>
> 惟乃丕显考文王，克明德慎罚，不敢侮鳏寡，庸庸，祗祗，威威，显民。[②]

西周以来的重民爱民的思想萌芽此后被儒学发扬光大，成为中华传统文化的一大特色。在君民关系上，儒学深刻的认识到，君权需要民众的支持和配合才能够稳固，君与民之间是互相抗衡又互相依赖的关系，政权稳固与否，取决于民心向背。如果想获得民心，就要把民众想要的给与民众，而民众不想要的不要强加于民众。即谓：

> 桀纣之失天下也，失其民也；失其民者，失其心也。得天下有道：得其民，斯得天下矣；得其民有道：得其心，斯得民矣；得其心有道：所欲与之聚之，所恶勿施，尔也。[③]

关于君民关系，荀子有一段话流传甚广，深受认可：

---

① 《尚书·蔡仲之命》。

② 《尚书·康诰》。

③ 《孟子·离娄上》。

　　马骇舆则君子不安舆，庶人骇政则君子不安位。马骇舆则莫若静之，庶人骇政则莫若惠之。选贤良，举笃敬，兴孝弟，收孤寡，补贫穷，如是，则庶人安政矣。庶人安政，然后君子安位。传曰："君者，舟也；庶人者，水也。水则载舟，水则覆舟。"此之谓也。故君人者欲安则莫若平政爱民矣，欲荣则莫若隆礼敬士矣，欲立功名则莫若尚贤使能矣，是君人者之大节也。三节者当，则其馀莫不当矣；三节者不当，则其于虽曲当，犹将无益也。①

荀子把君民关系比作马车和马的关系、比作舟和水的关系，他认识到了只有实行"选贤良，举笃敬，兴孝弟，收孤寡，补贫穷"的王道政治，只有平政爱民、隆礼敬士、尚贤使能，才能获得民众的支持，进而才能巩固政权。从荀子这段话中可以明显地感受到从"君本位"到"民本位"的过渡，尊君论与民本论恰似儒家政治伦理思想的两翼，二者相互结合、相互渗透。

（二）以民为本的政策导向

　　以儒学民本思想为主力，中国古代以民为本的治国理念在具体的政策导向上以如下四个方面为主。

---

① 《荀子·王制》。

其一，置民以恒产。

孔子认识到了"百姓足，君孰与不足？百姓不足，君孰与足"[①]这样一个国家治理真相。孟子则更明确地提出了要"置民以恒产"，即谓：

> 无恒产而有恒心者，惟士为能。若民，则无恒产，因无恒心。苟无恒心，放辟邪侈，无不为已。及陷于罪，然后从而刑之，是罔民也。焉有仁人在位罔民而可为也？[②]

孟子认为保障百姓物质生活非常必要。在孟子看来，没有固定的物质生活资料却依然能够保持恒心，这样的事情只有"士"能够做到，"恒心"可以理解成有道德操守的心，而"士"在儒学体系中一般指的是知识分子阶层中有理想、有追求的那一部分人。例如，孔子最喜欢的学生颜回便是具备了这种风骨的典型人物，颜回在物质生活得不到保障的情况下，仍然能够坚守内心的志向，孔子称赞颜回："一箪食，一瓢饮，在陋巷，人不堪其忧，回也不改其乐！"[③]但是，普通百姓不是颜回，不能以颜回的标准去要求普通百姓，孟子认为，对百姓来说，没有固定的生活资料，就难以产生"恒心"，一旦为生计所迫，

---

① 《论语·颜渊》。
② 《孟子·梁惠王上》。
③ 《论语·雍也》。

他们就有可能铤而走险去办坏事。百姓因生计所迫被逼无奈做了坏事，作为统治者便用刑罚来惩处百姓，这在孟子看来，是在陷害自己的百姓，有志于施行仁政的君主不应该这样做。因此，孟子告诫统治者：

> 明君制民之产，必使仰足以事父母，俯足以畜妻子，乐岁终身饱，凶年免于死亡；然后驱而之善，故民之从之也轻。[①]

圣明的君主应确保百姓拥有固定的物质生活资料，让他们能够吃饱穿暖、养家糊口、安居乐业，在此基础上，再进行一些道德方面的引领，这时候百姓服从君主的命令才会觉得轻松，才不会过于沉重。为此，孟子还为君主开出了具体的施政方略：

> 五亩之宅，树之以桑，五十者可以衣帛矣。鸡豚狗彘之畜，无失其时，七十者可以食肉矣。百亩之田，勿夺其时，八口之家可以无饥矣。谨庠序之教，申之以孝悌之义，颁白者不负戴于道路矣。老者衣帛食肉，黎民不饥不寒，然而不王者，未之有也。[②]

---

① 《孟子·梁惠王上》。
② 《孟子·梁惠王上》。

可见，在孟子看来，如果能让百姓在吃饱穿暖的基础上再用孝悌之道来引导教化，那就是王道政治。但是，当时真实的社会却是这样一番场景："庖有肥肉，厩有肥马，民有饥色，野有饿莩"，在孟子看来，这是在"率兽而食人也"。孟子对此感到十分痛心，为此，孟子发出了"恶在其为民父母也"①的追问，即质问君主：自己生活奢靡却让百姓生活如此恶劣，制定的政策就像率领野兽来吃人一样，配当老百姓的父母官吗？总之，儒家认为，置民以恒产、保障百姓基本的生存需要，是国家治理的基础。

其二，使民以时　索取有度。

"使民以时"即征民众服徭役要特别慎重，不能干扰民众正常的生产生活，要保障老百姓有休养生息的时间。孔子认为，"使民如承大祭"②，并将"使民以时"看作治理国家的重要手段，即谓："道千乘之国，敬事而信，节用而爱人，使民以时。"③

孟子亦将"不违农时"视为王道之始，他讲："不违农时，谷不可胜食也；数罟不入洿池，鱼鳖不可胜食也；斧斤以时入山林，材木不可胜用也。谷与鱼鳖不可胜食，材木不可胜

---

① 《孟子·梁惠王上》。
② 《论语·颜渊》。
③ 《论语·学而》。

用，是使民养生丧死无憾也。养生丧死无憾，王道之始也。"①
即孟子认为如果不违背农时，粮食就吃不完；密孔的渔网不入
池塘，鱼鳖之类水产就吃不完；砍伐林木有定时，木材便用
不完。这样老百姓便能够养生丧死无遗憾。因此，"使民以时"
非常重要。

如果说"使民以时"是为老百姓的财富生产提供了前期保
障的话，那么，"索取有度"则确保了财富创造出来之后，老
百姓可以留住自己所创造的财富。轻徭薄赋是儒学的一贯主
张，儒家认为过度索取对老百姓伤害很大，例如，孟子曾说：

> 有布缕之征，粟米之征，力役之征。君子用其一，
> 缓其二。用其二而民有殍，用其三而父子离。②

孟子将赋税分成三种，有征收布帛的赋税，有征收粮食的赋
税，有征发劳力的赋税。孟子建议：君主如果采用其中一种，
另外两种就暂时不要用了。因为，若同时用两种，百姓就会有
饿死的，若同时用三种，百姓就要家破人亡。

不仅儒学，道家亦认同"索取有度"的观点。《老子》讲：

> 民之饥，以其上食税之多，是以饥。民之难治，以

---

① 《孟子·梁惠王上》。
② 《孟子·尽心下》。

其上之有为，是以难治。民之轻死，以其求生之厚，是以轻死。①

在《老子》看来，民众之所以遭受饥荒，是因为统治者榨取的赋税太多；民众之所以难以统治，是由于统治者政令繁苛；民众之所以连死都不怕了，是由于统治者搜刮民脂民膏、奉养自己过于丰厚，让老百姓丧失了生的可能性，所以就不怕死了。《老子》认为如果老百姓被压榨得连死都不怕了，那么统治者最大的危险也就来了，即"民不畏威，则大威至"②。《老子》认为统治者若想确保自己的统治地位，就不要逼迫民众致使他们无法安居，不要压榨民众致使他们难以生存，否则，统治者就会遭到民众的厌恶，统治地位就保不住了，即谓："无狎其所居，无厌其所生。夫唯不厌，是以不厌。"③老子感慨道："天之道，其犹张弓与？高者抑之，下者举之；有余者损之，不足者补之。天之道，损有余而补不足。人之道，则不然，损不足以奉有余。孰能有余以奉天下，唯有道者。"④可见，在《老子》的视野中，"损有余而补不足"才符合天道，能做到这一点的君主才是有道之君。

总之，"使民以时、索取有度"是中华传统文化"民本"

①《老子》第七十五章。
②《老子》第七十二章。
③《老子》第七十二章。
④《老子》第七十七章。

思想的重要组成部分，这种对百姓的体恤爱护，一方面有利于维持百姓生计，另一方面也能确保君主政权得以稳固。即谓：

> 王如施仁政于民，省刑罚，薄税敛，深耕易耨；壮者以暇日修其孝悌忠信，入以事其父兄，出以事其长上，可使制梃以挞秦、楚之坚甲利兵矣。彼夺其民时，使不得耕耨以养其父母。父母冻饿，兄弟妻子离散。彼陷溺其民，王往而征之，夫谁与王敌？故曰："仁者无敌。"①

其三，德主刑辅　教化为主。

"德主刑辅、教化为主"是中国古代政治伦理的主流导向。儒学认为"以德服人"意义重大，一方面"以德服人"更能征服民众的内心，即谓"以力服人者，非心服也，力不赡也；以德服人者，中心悦而诚服也，如七十子之服孔子也"②；另一方面，"以德服人"也能产生更好的治理效果，即"道之以政，齐之以刑，民免而无耻；道之以德，齐之以礼，有耻且格"③，也就是说，在儒学看来用强权、用禁令、用刑罚来管理约束百姓，最多只能限制老百姓做坏事，但却不能培养起羞耻心；而如果能用道德来引导百姓，用礼制来规范百姓，那么既能达到治理效果，又能培养起人的羞耻感、道德心。以德服人既涉及

---

① 《孟子·梁惠王上》。
② 《孟子·公孙丑上》。
③ 《论语·为政》。

主政者本身，也涉及国家治理方式。

　　就主政者本身而言，主要体现为强调主政者的道德表率作用。例如，据《论语》记载，当季康子向孔子请教如何管理政事时，孔子回答说："政者，正也。子帅以正，孰敢不正?"①即管理政事，就是做好自己。在孔子看来，"上好礼，则民莫敢不敬；上好义，则民莫敢不服；上好信，则民莫敢不用情"②，即居于上位的人如果爱好礼仪，老百姓就没有敢不恭敬的；居于上位的人如果爱好道义，老百姓就没有敢不服从的；居于上位的人如果爱好诚信，老百姓就没有敢不诚实的。这正所谓"其身正，不令而行；其身不正，虽令不从"③。孔子之所以持这样的见解是因为孔子相信"君子之德风，小人之德草。草上之风，必偃"④，即孔子认为，统治者的作用就在于引领社会风气，老百姓的品性就像草，风往哪边吹，草往哪边倒，统治者的表率作用很重要。

　　就国家治理方式来说，主要体现为注重对民众进行道德教化。例如，《论语》记载了冉有与孔子在去卫国路上的一段对话，就表达了这层意思：

---

① 《论语·颜渊》。
② 《论语·子路》。
③ 《论语·子路》。
④ 《论语·颜渊》。

冉有曰："既庶矣，又何加焉？"曰："富之。"曰："既富矣，又何加焉？"曰："教之。"①

孔子看到沿路的景象，感慨说："人口真是众多啊！"冉有说："人口已经很多了，还要再做什么呢？"孔子说："让他们富裕起来。"冉有说："富裕起来后又要做些什么？"孔子说："对他们进行教化。"荀子亦表达过这种"富而后教"的思想，他说："不富无以养民情，不教无以理民性。"②孟子则将教化看作得民心的重要手段，即谓："仁言不如仁声之入人深也，善政不如善教之得民也。善政，民畏之；善教，民爱之。善政得民财，善教得民心。"③儒学重视教化，是因为在儒家看来，社会风气、教化程度直接关系国家的生死存亡，即谓：

城郭不完，兵甲不多，非国之灾也；田野不辟，货财不聚，非国之害也。上无礼，下无学，贼民兴，丧无日矣。④

如果富而不教，便会动摇国家稳定的根基，正如董仲舒所言：

———————

① 《论语·子路》。
② 《荀子·大略》。
③ 《孟子·尽心上》。
④ 《孟子·离娄上》。

> 夫万民之从利也，如水之走下，不以教化堤防之，不能止也。是故教化立而奸邪皆止者，其堤防完也；教化废而奸邪并出，刑罚不能胜者，其堤防坏也。[1]

而谈到具体的教化方式，最常规的方式就是办学校，即谓：

> 立大学，设庠序，修六礼，明十教，所以道之也。《诗》曰："饮之食之，教之诲之。"[2]
>
> 致天下之治者在人材，成天下之材者在教化，职教化者在师儒。[3]

关于注重学校教育、尊师重教的历史悠久这一点，在第二章中已有较多论述，这里不再赘述。除了办学校这种"谨庠序之教，申之以孝悌之义"[4]的常规教化方式之外，祭祀和办丧事是中国古代比较看重的另外一种颇具特色的教化方式。

祭祀和办丧事之所以能够成为一种道德教化方式，与中国古代的生产方式和家庭结构有关。中国古代以农业生产为主，农业生产的特点首先表现为生产周期很长，春生、夏长、秋收、冬藏，一个生产周期要历时一年才可以完成，这么漫长

---

① 《汉书·董仲舒传第二十六》。

② 《荀子·大略》。

③ 《松滋儒学记》。

④ 《孟子·梁惠王上》。

的生产周期就把人牢牢地固定在土地上，很难随便迁徙；此外，农业生产还有一个特点，那就是需要大量的劳动力，尤其是在生产力比较低下的古代更是如此，而增加劳动力最直接的方式就是多生孩子。这样一来，一方面很少迁徙，另一方面又崇尚多子多孙，所造成的结果便是在当地形成了一个又一个大家族，大家族人多、事多、人际关系复杂，但是，生产要发展、生活要继续，又必须妥善地处理好大家族内部的人际关系，这便给中国社会造成了一对矛盾：一方面因为是大家族，所以人际关系不好处理；而另一方面，当时的生产方式和生活方式又对人际关系的和谐度要求很高，正因为如此，中华民族很早便形成了一种心理期盼，那就是"家和万事兴"。了解了这样一个社会背景之后，祭祀和办丧事的道德教化功能便突显出来了：在一个特殊的日子里，全体家族成员朝着共同的祖先膜拜，这实际上是在提醒家族成员之间存在着同族同宗的血缘关系，这种仪式可以增强家族成员的认同感、归属感，增强家族成员的向心力和凝聚力。而且，在祭祀的时候还要向祖先汇报家族成员的业绩，这种汇报业绩的行为又可以增强家族成员的荣誉感、责任感和使命感。认同感、归属感、向心力、凝聚力、荣誉感、责任感、使命感，这些正是维系一个大家族最需要的软实力，而通过祭祀和办丧事的方式便有助于获得这些软实力。本书第一章在论述儒墨异同的时候曾经提到：墨子反对儒家的厚葬久丧，理由是厚葬久丧铺张浪费，但是难道儒家不知道这样做会铺张浪费吗？况且，前面章节也论证过儒家不信鬼神，不信鬼神的儒家却注重办丧事、搞祭祀，是为了什么呢？实际上，儒家这样做的用意，并不单纯是为了死去的祖先，其主要用意是为了教化活人，与祭祀和办丧事所能带来的巨大的社会效益相比，那点铺张浪费也就不值一提了。所以，曾子曰：

> 慎终，追远，民德归厚矣！①

慎终，即谨慎地对待人之终，就是要办丧事；追远，指的是追忆遥远的祖先，就是要祭祀。目的是让老百姓的道德变得更加淳厚。总之，祭祀和办丧事是中国古代一种独特的教化方式，是中国古代德治理念的重要组成部分。

当然，儒学在主张"德治"的同时，也在一定程度上意识到了"法治"的作用，认为德法应该结合。例如，《左传》讲："政宽则民慢，慢则纠之以猛。猛则民残，残则施之以宽。宽以济猛，猛以济宽，政是以和。"②孟子曰："徒善不足以为政，徒法不能以自行。"③荀子亦曰："治之经，礼与刑，君子以修百姓宁。明德慎罚，国家既治四海平。"④当然，儒学虽然意识到了"法治"的作用，但"德治"始终是其政治伦理思想的主

---

① 《论语·学而》。
② 《左传·昭公二十年》。
③ 《孟子·离娄上》。
④ 《荀子·成相》。

旋律。

其四，取信于民　与民同乐

儒家一贯重视"信"，前面的章节曾在人际交往层面论述了儒家的诚信思想，实际上，"信"在儒学的视野中，不仅对人际交往重要，而且对治国安邦、获得民心同样重要。例如，《论语》记载了子贡与孔子的一段对话便表达了儒学的这一观点：

> 子贡问政。子曰："足食，足兵，民信之矣。"子贡曰："必不得已而去，于斯三者何先？"曰："去兵。"子贡曰："必不得已而去，于斯二者何先？"曰："去食。自古皆有死，民无信不立。"①

"民无信不立"是孔子认为必须坚守的治国安邦的理念。"民无信不立"这句话并不是要求老百姓讲诚信，而是要求统治阶层讲诚信，其含义是：如果老百姓对国家失去信任，那这个国家就不会稳固了。可见，在孔子的心目中，获得老百姓的信任对国家发展来说是比粮草充足、部队强大更重要的事情。

与"取信于民"相比，"与民同乐"是对统治者提出的更高要求。关于这一点，《孟子》记载的齐宣王和孟子的一段对

---

① 《论语·颜渊》。

话可以很典型地说明儒学在这个问题上的立场。

> 齐宣王问曰："文王之囿方七十里，有诸？"孟子对曰："于传有之。"曰："若是其大乎？"曰："民犹以为小也。"曰："寡人之囿方四十里民犹以为大，何也？"曰："文王之囿方七十里，刍荛者往焉，雉兔者往焉，与民同之。民以为小，不亦宜乎？臣始至于境，问国之大禁，然后敢入。臣闻郊关之内有囿方四十里，杀其麋鹿者如杀人之罪。则是方四十里为阱于国中。民以为大，不亦宜乎？"[①]

当齐宣王听说周文王有方圆七十里的打猎场，但老百姓都持赞赏态度时，便向孟子抱怨自己的打猎场才方圆四十里，却被很多人嫌大。对此，孟子的解释是：周文王确实有一个方圆七十里的打猎场，但是在这个打猎场中，砍柴的人能去，逮兔子的人能去，是与老百姓共同使用这个打猎场，所以老百姓不会嫌这个打猎场大。而齐宣王的打猎场虽然只有方圆四十里，但是在这个打猎场中，若是不小心杀了一头鹿，就要和杀人一样治罪，这就相当于在都城附近挖了一个方圆四十里的陷阱，在这种情况下，老百姓嫌君主把陷阱挖大了，难道不应该吗？从这个例子中我们可以感受到，儒学并不是反对统治者去享受一些东西，儒学反对的是不顾人民的死活而独占独享。

---

① 《孟子·梁惠王下》。

　　总之，儒学意识到了民众的力量，认为统治者要巩固政权必须获得民众的支持，在他们的治国方略中，重民爱民、以民为本的色彩非常浓厚，他们关于天下得失取决于民心向背的思想敏锐而深刻，仍然具有现代价值，是一种远见卓识。儒学自汉代开始，便成为官方正统哲学，儒学"以民为本、济世安民"的理念也伴随着儒学的独尊地位，成为中华优秀传统文化所倡导的主流价值理念，其对中国历史进程产生了深远的影响，在历史上发挥了积极作用。

三、以和为贵　和而不同

　　习近平总书记指出："有着5000多年历史的中华文明，始终崇尚和平，和平、和睦、和谐的追求深深植根于中华民族的精神世界之中，深深溶化在中国人民的血脉之中。"[①]中华优秀传统文化"以和为贵"的理念有着深厚的历史渊源，在中华民族的人伦关系、政治理念中均有充分地表达。

[①]《习近平在德国科尔伯基金会的演讲》，载《人民日报》，2014年03月30日02版。

（一）"和"的渊源与实质

中国人看重"和谐"、追求"和谐"的观念一方面与中国人的生产方式、生活方式密切相关，另一方面又因"天人合一"的传统思维方式得以加强。

就生产方式来看，中国古代以农业生产为主，农业生产对自然环境的依赖很大，要想取得好的收成，除了辛苦的劳作之外，还必须与自然环境配合得当才能取得大丰收，这就要求人顺应自然之"时"，因地制宜、因时制宜，人与自然界的和谐由此就成为中国社会所追求的目标；此外，农业生产的周期很长，要历时一年才能够完成，一旦在某一环节出现意外，就有可能遭遇重大损失，甚至会前功尽弃、颗粒无收。所以中华民族对持续稳定和谐的环境十分期盼。可以说农业生产奠定了中华民族崇尚和谐的心理基调。

就生活方式来看，农耕文明催生出一个个大家族，家庭成员之间只有和睦相处、齐心协力才能搞好生产。并且，整个中国古代社会的人际关系以及政治秩序也都是由血缘关系派生出来，血缘纽带在古代中国是维系人与人关系的基础，而血缘纽带最主要的特征便是亲和性。可以说，"和"一词在中国人心中有着非常重的分量，"和"在一定程度上就是安宁和幸福的代名词。

除了中国古代的生产方式与生活方式为"以和为贵"的价

值取向奠立了根基之外，这种价值取向还因为"天人合一"的
传统思维方式而得以进一步的加强。"天人合一"的思维方式
简而言之就是把人与整个宇宙万物看成是相联相通、协调和谐
的，而不是把人与外在世界看成是分裂对立的，这是中华传统
思维方式一大特色。这种思维方式在西周"以德配天"的思想
中就已经展露出了萌芽，此后春秋战国时期，随着社会大变革
的到来、以及中国人理论思维能力的提高，出现了百家争鸣的
局面，各家各派尽管具体主张不同，但"天人合一"却是他们
共同的思维旨趣。各家各派在思考天道和人道的问题时，普遍
肯定天人之间的相通性，本天道而言人道，立人道以合天道。
当然，对于"天人合一"这一命题的具体内涵，不同派别有各
自不同的理解，形成了各种类型的天人观。比较典型的有：老
子的"天人玄同"说，庄子的"无以人灭天"说，孟子的"天
人相通"说，荀子的"天人相交"说等。尽管具体观点不同，
但坚持"天人合一"却是共识。"天人合一"的思维方式进一
步夯实了中华民族对和谐的推崇。

　　需要强调的是，中华传统文化所崇尚的"和"，是"和而
不同"的"和"。"和"与"同"在表面上有相似的地方，但实
际上，在儒家哲学的话语体系中，这却是截然不同的两个概
念，"同"是指抹杀差异的整齐划一，是不顾原则的一味求同；
而"和"，则是指包含多样性的异质相济之"和"。这种"和
而不同"的理念在《国语》中已有萌芽，即谓：

夫和实生物，同则不继。以他平他谓之和，故能丰长而物归之；若以同裨同，尽乃弃矣。故先王以土与金木水火杂，以成百物。[①]

这段话记述的是周太史史伯的观点，他强调了多样性的重要，在史伯看来，多样性的存在是万物得以生长繁衍的基础条件，简单的"同一"不可能产生出任何新的东西。再例如《周易》的"八卦"其象征涵义也是诸多情状按照一定法则的排列组合，表征的是事物在生成变化中不断达致和谐的过程，正所谓"天下同归而殊途，一致而百虑"[②]。可以说，在中华文化系统中，"和"不是各种因素在孤立、静止状态下的简单集合，不是抹杀个性、一味求同的整齐划一，而是包含多种因素、且各种因素能够配合得当、相得益彰的圆融和谐。同一事物的不同要素能够平衡协调，不同事物之间也可以和谐共处，这体现的是个性与共性相统一的原则，描述了事物的利生状态。其特点在于：在矛盾中求和谐，从差别中求统一，正所谓"万物并育而不相害，道并行而不相悖"[③]，这就是"和而不同"。"和而不同"可谓是"以和为贵"的本质特征。

---

① 《国语·郑语》。
② 《周易·系辞下传》。
③ 《中庸》。

（二）人伦关系中的显现

儒学在一定意义上可以看作是处理各种关系的学问，而各种关系从一切道德规范的运用到诸德之间的配合，从个人修养到社会秩序，所能达到的最佳状态就是"和"。"和"在儒家思想中是一个道德性、价值性命题，它涵具道德目标、道德境界、道德修养方式、道德取向等若干内容，它起着范导儒学所建构的整个伦理秩序的作用。儒学所追求的"和"不是表层的、静止的"集合"，而是深度的和谐，是动态系统中的和谐，各个要素各安其位，又彼此配合紧密相关。

在儒学的影响下，"以和为贵、和而不同"的价值取向在人伦关系方面，主要表现为：从整体着眼，追求人际和谐。儒学把人际和谐看得很重要。孟子曾说："天时不如地利，地利不如人和。"[1] 荀子讲："上不失天时，下不失地利，中得人和，而百事不废。"[2] 当然，儒家所追求的人际和谐，不是人云亦云、毫无原则的一团和气，其所贯穿的依然是"和而不同"的精神，即谓："和者，无乖戾之心。同者，有阿比之意"[3]"君子周而不比，小人比而不周"[4]"君子和而不同，小人

---

① 《孟子·公孙丑下》。

② 《荀子·王霸》。

③ 《四书章句集注·论语集注卷七》。

④ 《论语·为政》。

同而不和"①。

在具体处理人伦关系时，儒学以群体为本位，从不孤零零地谈论个体，而是将个体放在群体中去考察，强调人的社会角色和社会义务。儒学认为，每个人只有在社会关系中才能找到个体位置，只有尽到这个社会位置所附带的责任和义务，才能够体现出个体价值，群体利益重于、高于个体利益。儒学本着这种"以群为重"的价值原则，以血缘亲情为中心，以"忠恕"之道为总体方法，将心比心、由我及人、由家及国地来协调人际关系，即谓："教以孝，所以敬天下之为人父者也；教以悌，所以敬天下之为人兄者也。"②

在推动人际和谐的过程中，儒学特别强调道德的作用，儒学从道德层面来定义人，用道德来规范、约束个体行为，认为人所以为人，就在于人有道德追求、有高尚的精神生活，黑格尔曾评价说："在中国人那里，道德义务的本身就是法律、规律、命令的规定。"③道德追求就意味着自我克制、乃至自我牺牲，是一种利他的行为。在儒学的视野中，为了维护国家、民族的大义而牺牲个体利益是非常值得的，在个体利益与群体利益发生冲突情况下，个体应该"重义轻利"，在国家危亡之时，个体应该"舍生取义"。

①《论语·子路》。
②《孝经·广至德》。
③［德］黑格尔：《哲学史演讲录》第一卷，北京：商务印书馆，2007年，第136页。

总而言之，儒学以道德规范作为协调人与人、人与社会的基本规范，注重人的社会角色和社会义务，以此来构建一种和谐有序的社会秩序。儒学为中华民族确立起了注重群体、注重道德的价值取向，将个人与他人、个人与社会联系在一起，这些价值理念有助于中华民族涵养道德品性、促进人际和谐、砥砺民族气节，这成为中华民族具有强大凝聚力的内在动因之一。

（三）政治理念中的表达

"以和为贵、和而不同"的价值取向，在政治理念方面主要表现为对"大一统"的追求。"大一统"简而言之就是国家在政治、民族、思想文化等各方面的深度和谐、统一。在历史上，它对我国的历史进程和民族关系的发展演变产生了积极影响，是中华民族向心力和凝聚力的来源之一。

"大一统"的理念在《诗经》中即可觅见端倪，《诗经·小雅·北山之什·北山》曰："溥天之下，莫非王土。率土之滨，莫非王臣。""大一统"在《春秋公羊传》中第一次被明确表述："王者孰谓？谓文王也。曷为先言王，而后言正月？王正月也。何言乎王正月？大一统也。"[①]在这段话中，大一统主要指的是历法上的统一。此后，"大一统"逐渐演化成国家在政治、文

---

① 《春秋公羊传·隐公第一》。

化等各方面的统一。百家争鸣时期，主要思想流派几乎都认可国家统一对社会发展的好处，并且从各自学术观点出发，积极寻求一统天下的方案。以儒家学派为例，孔子视天下一统为政治上最理想的局面，而对割据混战、分崩离析的状态十分厌恶，他讲"天下有道，则礼乐征伐自天子出；天下无道，则礼乐征伐自诸侯出"①。孔子还对管仲赞赏有嘉，而孔子之所以赞赏管仲，也主要是因为管仲帮助齐桓公在一定程度上实现了统一，即"管仲相桓公，霸诸侯，一匡天下"②。孟子亦认为社会应该"定于一"③，他讲"天无二日，民无二王"④。荀子也多次提到应该"一天下"。到汉朝时期，董仲舒对"大一统"思想作了进一步地阐发，他在《举贤良对策》中引《公羊传》曰："春秋大一统者，天地之常经，古今之通谊也。"⑤董仲舒的这一表述将"大一统"上升到了天经地义的真理高度，在此基础上，董仲舒还对"大一统"从政治统一、文化统一等多个角度进行了论证，从而形成了一个比较完善的理论体系。"大一统"的观念深入人心，成为中国社会各阶层的共识，在漫长的历史进程中，始终发挥着维护国家统一，反对民族分裂的有益作用。在中国历史上，无论是汉族政权还是少数民族政权都以实

① 《论语·季氏》。

② 《论语·宪问》。

③ 《孟子·梁惠王上》。

④ 《孟子·万章上》。

⑤ 《汉书·董仲舒传第二十六》。

现国家统一为政治理想。从中国实际的历史进程来看，统一也是主流。

　　※　**在推动"大一统"的进程中，"文化"是主要粘合剂。**

　　在古代中国人心目中，"中国"并不是一个单纯的地理概念、政治概念，它更是一个文化概念。在中华民族发展史上，民族观念和文化观念紧密联系在一起。中华文化虽然很注重夷夏之别，有"夷不谋夏，夷不乱华"的说法，显示出对四夷的防范心理。但是，其区分"夷"与"夏"的标准，不是狭隘的种族和地域界限，而是文明程度的高低。这样一种区分标准，是和谐的、宽容的，因为文化上的差距可以通过自觉地学习、交流、取长补短来弥补。儒家甚至认为通过夷、夏对华夏文明的自觉地选择与放弃，可以夷、夏互变，所谓"诸侯用夷礼则夷之，进于中国则中国之"①。这样一种夷夏可变的思想不狭隘、有包容，为推动民族融合、实现大一统的局面奠定了心理基础。

　　中华民族历史悠久，"作为一个自觉的民族实体，是近百年来中国和西方列强对抗中出现的，但作为一个自在的民族实体则是几千年的历史过程所形成的。"②中华民族的主体是汉族，汉族的前身是华夏族，华夏族是以中原部落联盟为基础，

①　韩愈：《原道》。
②　费孝通：《中华民族多元一体格局》（修订本），北京：中央民族大学出版
　　社，1999年，第3页。

兼并、融合了许多非华夏族的氏族部落，经过夏、商、周三代发展而成的民族，在西周时期"华夏族"的族称正式出现。在地域上，黄河流域是华夏族的发祥地，华夏族以"中国"自居，主要从事农业生产，创造了比较先进的生产力；在文化上，华夏族视炎帝、黄帝为共同的祖先，体现了强烈的民族自觉意识。

春秋战国时期，中华大地出现了前所未有的大争斗、大统一、大分化、大融合的状况，这虽是一个动荡的时期，但同时也是经济大发展、文化大进步、民族融合加强的黄金时期。在这一时期，地域组合进一步取代了氏族血缘纽带，华夏文明得到了更新、发展，也得到了更大范围的承继与认同，而且通过思想领域的百家争鸣，中华文化的核心基因得以奠定，华夏族的中心地位进一步巩固，民族意识空前强化。与华夏族相对而言的是蛮夷戎狄，这是华夏族对周边少数民族的泛称，这些少数民族在经济方式、文化发展程度、风俗习惯等方面区别于华夏。由于华夏族在政治、经济、文化等方面的文明程度高于周边少数民族，对周边民族形成了很强的吸引力，春秋战国时期不少原来被当作蛮夷戎狄看待的民族，接受了华夏族的生活方式、文化观念，而成为华夏族的组成部分，例如，秦、楚、吴、越，在春秋前期都曾被排斥在华夏之外，秦人曾被视为戎狄，楚人曾被视为蛮夷，吴越被视为荆蛮，但是，经过春秋战国时期的发展，他们都先后融入了华夏。他们的加入使华夏族从北方民族发展为地跨黄河、长江流域的主体民族。到战国时，非华夏族不是融合于华夏，就是迁徙到周边地区，形成了"内华夏而外夷狄"的格局，可见，"这样一种有主干，又有枝叶，有融合，又有分化的格局和态势，在中华民族起源之初就已经形成了。这是中华各民族关系的历史起点，也是中华民族萌生发展的历史起点。"①

从秦汉到隋唐时期是中华民族多元一体格局的初步形成时期。秦朝在全国推行郡县制，统一度量衡，统一货币，统一文字，有力地消除了先秦时期"分为七国，田畴异亩，车途异轨，律令异法，衣冠异制，言语异声，文字异形"②的混乱局面。汉朝一方面着手以儒学统一思想，一方面不断开辟疆域，使得华夏族的生活区域随着国家版图的扩大而扩大，中原先进文明被播撒到全国各地。秦汉时期的国家统一为各民族进一步融合奠定了基础，直接促成了华夏族向汉族的转化。"汉族"这一族称虽然直到南北朝时期才出现，但汉族的族体特征在秦汉时已经十分明显，虽无汉族之名，却有汉族之实。

自东汉末年董卓之乱之后，中国历史进入了魏晋南北朝时期，在这近四百年的历史中，除西晋实现过短暂的统一外，中华大地大部分时间都处于分裂割据状态。这个阶段是又一个民族融合的高潮。各民族在战乱中相互渗透融合，当时，无论是南方的汉族还是北方的汉族，都在与少数民族的混血中发展

①伍雄武：《中华民族的形成与凝聚新论》，昆明：云南人民出版社，2000年，第33页。

②《说文解字·序》。

壮大起来。这一时期，"内华夏而外夷狄"的局面被进一步打破。少数民族与汉族经历了内迁—杂居—融合的过程。北方的匈奴、鲜卑、羯、氐、羌等少数民族大规模内迁，中原地区出现了少数民族政权林立的状况，同时，汉族也向南方大规模迁徙，闽南、粤东、滇、黔、岭南等地都被南迁的汉族人民充实了起来。这并不是各民族在空间上的简单位移，而是一种深层次的交融，以儒家文化为核心的中华文化得到了各族人民的认同，在中华各民族间建立起一种文化纽带。这一时期，"汉化"在各少数民族政权中普遍出现，所谓"汉化"主要指中华各少数民族主动向华夏文化尤其是其核心儒家文化靠拢，使之融入并改造本民族文化的一种历史现象。"汉化"的发生是自然而然的，它的倡导者往往是入主中原的具有远见的少数民族统治者。这些少数民族统治者之所以推进"汉化"，一方面是因为相对于汉族，少数民族大多生活在边远地区，自然条件相对较差，他们仰慕汉族的物质文化、制度文化和思想文化；另一方面是因为入主中原之后，如果他们能够成为华夏文化的正统继承者，则更有利于对中原的统治。基于上述两方面的原因，这些迁入中原的少数民族统治者大多会自觉地接受、学习华夏文明，以习文倡儒为己任；他们也往往会以中华正统文化的传承者自居，认为自己与较为先进的华夏文明同祖共源，由此往往倡导儒学、因循汉制、重用汉族文人，主动自上而下地推行"汉化"。例如，魏晋南北朝时期，匈奴人建立的后汉政权便奉刘邦为太祖，称"昔我太祖高皇帝以神武应期，廓开大业"①。前秦苻坚把"庶几周孔微言不由朕而坠"②作为奋斗目标，他广兴学校、奖励读书，劝课农桑、兴修水利、发展农业技术，他还采取宽容的政策，吸引汉人参与政权。北魏孝文帝也曾大张旗鼓地推行汉化，他迁都洛阳，恢复和健全了汉族法制，改穿汉人衣冠，改说汉话，改用汉姓，提倡和汉族通婚，使鲜卑族的生活完全浸于华夏文化之中，完全接受了华夏文明。文化认同进一步促进了民族认同，促使夷夏观念逐渐淡薄，从隋唐开始，"华夷一家"的思想逐渐成为共识，例如，隋文帝曾说："溥天之下，皆曰朕臣。"③唐太宗曾说："自古皆贵中华，贱夷、狄，朕独爱之如一，故其种落皆依朕如父母。"④

　　唐朝灭亡之后一直到宋元明清时期，这是中华民族多元一体格局的巩固发展时期。很多少数民族政权通过学习汉族先进的经济、文化，迅速崛起。在元、明、清三个朝代中，便有两个是少数民族建立的政权，"内夏外夷"的观念进一步模糊，明太宗曾说："华夷本一家，朕奉天命为天子，天之所覆，地之所载，皆朕赤子。"⑤雍正皇帝也曾说："自我朝入主中土，君临天下，并蒙古极边诸部落俱归版图，是中国之疆土开拓广

① 《晋书·卷一百一·载记第一》。

② 《晋书·卷一百十三·载记第十三》。

③ 《隋书·卷八十三·西域列传第四十八》。

④ 《资治通鉴·卷第一百九十八　唐纪十四》。

⑤ 《明实录·明太宗实录·卷二六四》。

远，乃中国臣民之大幸，何得尚有华夷中外之分论哉！"①在少数民族统治时期，中华传统文化非但没有中断和毁灭，相反，随着民族内部关系的调整，不同民族间获得了前所未有的接触、交流、了解的机会，反倒进一步加深了民族融合和文化的互相渗透，进一步加固了民族间联系的文化纽带。这一时期，在整个中华民族凝聚力不断增强的同时，各少数民族也保持了各自相对的独立性，中华民族多元一体的格局进一步巩固与扩大了。正是因为有了这样的基础，面对19世纪末到20世纪初的帝国主义入侵，中华民族不仅没有内部分裂，反而在内忧外患中更为团结，形成了整体的民族观念。

　　通过上述对中华民族多元一体格局形成过程的简单回顾，我们可以感受到，在中国历史发展的进程中，文化是推进"大一统"最主要的粘合剂，以儒家学说为主导的华夏文明发挥了核心凝聚作用。这种核心地位不是自封的，而是历史形成的，得到了各民族的认可，即使在少数民族统治时期，汉文化也受到了充分的尊重和采用。文化认同以及随之产生的历史认同大大增强了中华民族的凝聚力。中华各民族对于"统一"的向往，对儒家礼乐文明的认同，以及对同源共祖的民族历史的认同，推动了中华民族的融合进程。

　　当然，在中华民族多元一体格局形成的过程中，以儒学为代表的汉文化固然功不可没，少数民族的作用也不容忽视。少

---

① 《大义觉迷录》。

数民族在手工业、音乐、舞蹈、绘画等方面成就卓越，对汉族影响很大，例如，黄道婆就是向黎族学习了纺织技术。除此之外，少数民族的生活习俗也影响到了汉族，据《旧唐书》记载："开元来，妇人例著线鞋，取轻妙便于事，侍儿乃著履。臧获贱伍者皆服襴衫。太常乐尚胡曲，贵人御馔，尽供胡食，士女皆竞衣胡服。"① 南宋朱熹也说："今世之服，大抵皆胡服，如上领衫靴鞋之类，先王冠服扫地尽矣！中国衣冠之乱，自晋五胡，后来遂相承袭。唐接隋，隋接周，周接元魏，大抵皆胡服。"② 少数民族在我国历史发展中还起到了沟通中西的桥梁作用，自西汉张骞通西域后，途经河西走廊和天山南北的丝绸之路成为中西文明交流的窗口，佛教、伊斯兰教首先在此传播，然后才进入内地，对中国传统文化产生了重要影响。世界其他国家的科技文化、生产技术也由此传入。

　　※　在推动"大一统"的进程中，"以德怀远"是被崇尚的方式，"容许制度差异"发挥了关键作用。

　　中华传统文化推崇"大一统"，但并不推崇依靠武力来实现国家统一。儒学认同的是"礼之用，和为贵"，即以和平方法实现国家统一。儒学的这一主张，从孔子对管仲的评价也可以看出来，孔子认为管仲在辅佐齐桓公时所表现出的最杰出

---

① 《旧唐书·卷四十五·志第二十五·舆服》。
② 《朱子语类·卷九十一·礼八》。

的政治能力便在于，管仲"不以兵车之力"便创造了"一匡天下""九合诸侯"的伟大历史功绩。中国古代主要思想流派均反对不义战争，认为不义战争给人民带来巨大的苦难，劳民伤财，例如，孟子认为："争地以战，杀人盈野；争城以战，杀人盈城，此所谓率土地而食人肉，罪不容于死。"[1]荀子强调"行一不义，杀一无罪，而得天下，不为也。"[2]《老子》认为战争残酷，"师之所处，荆棘生焉。大军之后，必有凶年"[3]，因而，《老子》坚持"兵者不祥之器，非君子之器，不得已而用之，恬淡为上。胜而不美，而美之者，是乐杀人。夫乐杀人者，则不可得志于天下矣"[4]。墨子更是将"非攻"列入自己思想的核心主张之中。总之，在中华传统价值体系中，战争会带来很多恶果，是不得已才采用的方式，君主应将精力放在保民爱民上，用德治来吸引民众，即"保民而王，莫之能御也"[5]"国君好仁，天下无敌焉"[6]。

在推进国家统一的征程中，上述崇尚和平、以德服人的理念发挥了积极作用，"远人不服，则修文德以来之。既来之，

---

① 《孟子·离娄上》。

② 《荀子·儒效》。

③ 《老子》第三十章。

④ 《老子》第三十一章。

⑤ 《孟子·梁惠王上》。

⑥ 《孟子·尽心下》。

则安之"①的"以德怀远"的方式成为统治者推动大一统的主要方式。以下即以隋唐以来中国历史的发展进程做例证来说明之。

隋唐时期，中国封建社会发展到巅峰，华夏文化的魅力也经受了魏晋南北朝时期的检验，这使隋唐统治者有了足够的自信。因此，这一时期，除隋炀帝好大喜功、不断对少数民族用兵以外，其他皇帝一般都能采取宽厚的长者态度，主张修文德以吸引周边民族，在种种政策上表现出夷夏一体的宏大气魄。例如，唐太宗曾说："夷狄亦人耳，其情与中夏不殊。人主患德泽不加，不必猜忌异类，盖德泽洽，则四夷可使如一家；猜忌多，则骨肉不免为仇敌。"②唐朝时在少数民族地区实行羁縻府州制度，羁縻府州制度的基本内容是羁縻府州的长官世袭，中央不向羁縻府州征税，羁縻府州的部民也不编入国家户籍，一般事务可以自治，但必须维护中央的权威。唐朝政府还册封少数民族首领，并与少数民族和亲，此外还有大量少数民族人才在唐政府任职，仅新旧两部《唐书》立传记载的胡人官员便多达数十位，这些措施都有利于民族团结和经济文化交流。由于民族关系处理恰当，唐代的疆域变得空前辽阔，"东极于海，西至焉耆，南尽林邑，北抵大漠，皆为州县，凡东西九千五百一十里，南北一万九百一十八里"③。这样，至唐朝，中华大地

---

① 《论语·季氏》。

② 《资治通鉴·卷第一百九十七　唐纪十三》。

③ 《资治通鉴·卷第一百九十五　唐纪十一》。

形成了更多民族、更大规模的融合统一，出现了"胡越一家"的鼎盛局面。

元朝是少数民族建立的全国政权，它虽然一方面推行过民族歧视政策，但另一方面，也继承和发展了中原传统文化，大力吸取了儒家思想，还加封孔子为"大成至圣文宣王"，并追封孟子为"亚圣公"。在制度上，它与历代中原皇朝一脉相承，又有所创新，定官制、立行省、备礼乐、行科举，其中行省制度是对中华民族的重要贡献。元朝还在特殊的地区实行特殊政策以配合行省制，如在西藏设立政教合一的体制，在边远地区又创立"土司制度"，土司制度指的是在少数民族地区，利用其土著上层人物充当地方官员，对当地进行管理。交纳一定的租调后，中央一般不干涉其内部事务，但土官要由中央政府任免。这是一种为适应当地交通不便，民族成分复杂，经济文化落后而实行的间接统治方式。这些制度把全国各地有效地置于中央政府的直接管辖之下，进一步促进了边疆的开发。在道路交通方面，元朝为加强对南方的控制，以便保证大都和上都的物资供应，在全国广建驿站，扩建和修缮大运河，并且首开海运。这对南北经济沟通和民族交流起到了积极作用。元朝是中国历史上疆域最大的朝代，在广大的国境之内，民族众多，形成了空前规模的民族杂居局面。

明朝继承了元朝的行省制度、土司制度，并且比元朝更为完善和严密。同时，为适应各民族密切联系的客观需求，明朝虽有重提"内夏外夷"的倾向，但基本上摒弃了元朝的民族歧视政策。例如，明太祖在《讨元檄文》中曾说蒙古、色目人"能知礼仪，愿为臣民者，与中夏之人抚养无异"①。明成祖也曾指出："近世胡元，分别彼此，柄用蒙古、鞑靼而外汉人、南人，以至灭亡，岂非明鉴！"②正是在这种思想的指导下，明代从少数民族中涌现出一大批功臣良将、文艺科技人才，例如率领船队七下西洋的郑和就是回族人。

清朝入关后，在封建法制、政治机构方面几乎沿袭了明朝的体制，并进一步加以完善。清朝时在西藏先后制定《西藏善后章程》和《钦定西藏章程》，对西藏进行了全面改革，加强了驻藏大臣的权利，并在中央设立理藩院管理蒙藏事务；清朝在新疆先后平定准噶尔部叛乱以及大、小和卓叛乱；在南方平定了以吴三桂为首的三藩之乱并且统一了台湾；清朝前期还多次击退了俄国和英国的入侵。经过对内对外的一系列斗争，疆域得到了全面的巩固和加强，基本上奠定了近代中国的版图。人数较少的满族人因与汉人杂居，汉化趋势明显。从皇帝到满洲贵族都孜孜不倦地学习经史典籍。清朝在统治全国初期虽然曾实行歧视汉族的政策，但是并不能阻止长期满汉杂居中因通婚等方式而发生的血缘融合。在这一时期，汉族人口继续扩大。

中华人民共和国成立之后，党和政府对旧中国遗留下来的

①《明实录·明太祖实录·卷二十六》。
②《明实录·明太宗实录·卷一百三十四》。

民族问题进行全面地梳理和研究，完成了民族识别和民族历史调查两项艰巨的任务。中国共产党始终贯彻民族平等的策略方针，并将之写入宪法中，1954年第一届全国人民代表大会第一次会议通过的《中华人民共和国宪法》规定："中华人民共和国是统一的多民族的国家。各民族一律平等。禁止对任何民族的歧视和压迫，禁止破化各民族团结的行为。各民族都有使用和发展自己的语言文字的自由，都有保持或者改革自己的风俗习惯的自由。各少数民族聚居的地方实行区域自治。各民族自治地方都是中华人民共和国不可分离的部分。"半个多世纪的历史证明，《中华人民共和国宪法》和中国共产党处理民族关系的政策和方针是完全正确的。此外，我国政府还针对港、澳地区的特殊情况，采取"一国两制"的方针成功地解决了香港和澳门问题，维护了国家统一。

回顾上述推动国家统一的历史进程，可以发现，不把民族间的差异对立起来，而是主张以道德、教化、文化交流等和平手段来缩小民族间的差距以实现民族融和，是中国历史进程的主流。除了这种和平的、以德怀远的方式本身值得关注之外，还有一点特别值得关注，那就是因为我国地域广阔、民族众多，各地区的情况有很大不同，为了维护国家统一、民族团结，我国很早就开始有针对性地在特殊地区实行特殊政策。上文提到的唐朝时在少数民族地区实行羁縻府州制度，元朝、明朝、清朝实行的土司制度，以及中华人民共和国实行的民族区域自治制度、对港澳地区实行的一国两制等，都是中华传统文化所倡导的"以和为贵、和而不同"理念的有效践行，都是"和而不同"的成功范例。

在中国历史上，不仅内政方面的诸多政策体现了"以和为贵、和而不同"的精神，在外交方面，中华民族同样秉承的是和平外交理念。正如习近平总书记所指出的那样："古代中国曾经长期是世界强国，但中国对外传播的是和平理念，输出的是丝绸、茶叶、瓷器等丰富物产。"①"古往今来，中华民族之所以在世界有地位、有影响，不是靠穷兵黩武，不是靠对外扩张，而是靠中华文化的强大感召力和吸引力。"②中华民族数千年的发展历程证明：中华民族坚持走和平发展的道路，敦亲睦邻、讲信修睦、协和万邦是中国一以贯之的外交理念，这些思想理念直到今天依然是中国处理国际关系的基本宗旨。

综上所述，"以和为贵、和而不同"的价值理念，在历史上发挥了和谐人际关系、推动民族进步、促进国家统一，以及睦邻友好的积极作用。在中华传统文化的视野中，高度和谐的太平盛世就是"大同社会"，《礼记·礼运》篇描述了一幅大同社会的美好图画，即谓：

> 大道之行也，天下为公。选贤与能，讲信修睦，故人不独亲其亲，不独子其子，使老有所终，壮有所用，幼

---

① 习近平：《携手追寻民族复兴之梦》，《人民日报》，2014年09月19日03版。
② 《习近平在文艺工作座谈会上的讲话》，《人民日报》，2015年10月15日02版。

有所长，鳏寡孤独废疾者皆有所养。男有分，女有归。货
恶其弃于地也，不必藏于己；力恶其不出于身也，不必为
己。是故谋闭而不兴，盗窃乱贼而不作，故外户而不闭。
是谓大同。

可以说，中华优秀传统文化所倡导的"以和为贵、和而不
同"的价值理念，是对中华民族生存智慧的高度概括，同时，
这一价值理念又通过中华优秀传统文化的传播植根于中国人的
意识形态之中，调节着中国人的思想，指导着中国人的实践，
其普遍和谐的观念，把中华民族塑造成一个心胸宽广，爱好和
平，以中正和谐为理想境界，视天地人为统一整体，追求民族
融和，追求国家统一的深具包容和谐精神的民族。包容和谐的
精神深深地渗透到中国人的思想深处，内化成一种民族心理，
成为我们民族和文化的特色，是中华民族的凝聚力所在。

第六章

中华优秀传统文化的传承发展

　　文化具有民族性和地域性，不同的地域特点、民族状况孕育了不同的文化。文化是一个动态发展过程，随着历史发展和民族利益的变化，总会产生一些新因素，淘汰、更新一些旧因素。而所谓"传统文化"指的是那些被积淀、被保存下来，能够世代传承的文化，其中能够助力该民族更好地走向未来的部分就是"优秀传统文化"，而优秀传统文化的核心价值理念堪称优秀传统文化的灵魂。具体到中华优秀传统文化及其核心价值理念来说，作为经受了中华民族发展历史检验和选择的产物，它并不是博物馆里的陈列品，并不仅仅代表少数圣贤哲人的观点和思想倾向，而是中华民族智慧的结晶和历史经验的积累，反映了中华民族的整体意识和价值取向，是中华民族发展、进步、迎接新时代挑战、进行新的历史创造的文化环境、心理背景和精神助力。如何在新时代传承和发展中华优秀传统文化及其核心价值理念，是中华民族实现伟大复兴必须要思考的问题。

一、明代中叶以来对中华传统文化的反思

　　中华传统文化的主干——儒学，在古代中国受学于庠序、流布于民间，上行下效，深刻地影响了中国的历史进程。其

因为长期与封建制度同生共长，而不可避免地带有维护封建统治、腐朽落后的因素，尤其是当它被统治阶层有意识地作为统治工具来使用时，其负面影响更是突出。正因为如此，在中国历史上，每一次对封建主义的大批判，其目标几乎都少不了传统文化，尤其少不了儒学。

对以儒学为代表的中华传统文化的反思，首先来自于儒家内部的进步人士。从明代中叶至清朝前期，以李贽、黄宗羲、顾炎武、王夫之、戴震等为主要代表的进步儒学家掀起了一股社会批判思潮。李贽反对以孔子的是非为是非，认为"绝假纯真"的"童心"才是人类的"本心"，应以真心的自我判断为标准；他反对"存天理、灭人欲"的主张，认为"穿衣吃饭即是人伦物理"①；他批判宋明儒学空洞无用、虚浮伪善的因素，讥讽假道学们"只解打恭作揖，终日匡坐，同于泥塑，以为杂念不起，便是真实大圣大贤人矣"②，其实一旦国家遇到危难，"则面面相觑，绝无人色，甚至互相推委，以为能明哲"③；他还大胆地构想了"因乎人者恒顺于民"④的尊重人的社会。黄宗羲将批判的矛头指向"忠君"，他指出"天下之大害者，君而已矣"⑤，他主张用"天下之法"代替专制主义的"一家之法"；

---

① 《焚书·答邓石阳》。
② 《焚书·因记往事》。
③ 《焚书·因记往事》。
④ 《焚书·论政篇》。
⑤ 《明夷待访录·原君》。

此外，他还反对儒家"崇本抑末"的经济思想，认识到了工商业可以兴民利、厚财源，因而提出了"夫工固圣王之所欲来，商又使其愿出于途者，盖皆本也"①的主张。顾炎武则倡言天下乃"匹夫"之天下，指出封建社会最大的弊端就在于君主专制，即谓："后世有不善治者出焉，尽天下一切之权而收之在上，而万几之广，固非一人之所能操也。"②王夫之厚今薄古，反对言必称三代的保守思维模式，而主张一种具有进化色彩的"通变"观；他对君主专制社会的批判，集中在以"不以一人疑天下，不以天下私一人"③的"公天下"来取代"私天下"上。戴震批判儒家道德对人的禁锢，一针见血地指出"以理杀人"比"以法杀人"还厉害。明末清初这些进步儒学家们对君主专制和被畸形化了的传统道德的批判，是一次来自儒学内部的反动，初步觉察到了儒学自成为官方意识形态之后所产生的日益严重的封建流毒，初步认识到了盲目迷信儒学以及儒家维护君权、维护等级秩序、过分重义轻利、重农抑商等思想对中国社会的恶劣影响，可谓切中要害。

如果说明末清初的这股社会批判思潮以启蒙为主要特点的话，那么随着封建社会的进一步发展，内忧外患的加深，从鸦片战争到清末出现的，对中华传统文化尤其是儒学所立足和维护的封建统治秩序的批判则增添了更多变革的色彩，力度更

---

① 《明夷待访录·财计三》。

② 《日知录·卷九·守令》。

③ 《黄书·宰制第三》。

大。龚自珍在义利观上以"人情怀私"说来揭露道学家"大公无私"的虚伪性；谭嗣同将封建礼教比作扼杀人性的"网罗"，认为"三纲五伦之惨祸烈毒"[①]；康有为批判汉儒和宋儒，批判"祖宗之法不可变"，著《新学伪经考》，将孔子尊为"托古改制"的"素王"，他用进化论反对"天不变道亦不变"，用自然人性论反对宋明理学的禁欲主义。这一时期较之明末清初，思想家们对于传统道德以及儒家思想的负面影响有了更深刻的认识，但是其批判的方法依然是借助儒学来改造儒学，目的在于剔除他们所认为的儒学中被汉儒、宋明儒所歪曲的成分，使儒学为他们的社会改革服务，以不突破传统的儒家道德体系为临界点，因此，他们从根本上来说还是维护儒家文化的。至于太平天国运动时期，洪秀全领导农民毁坏孔庙、砸烂孔子像等排孔运动，主要依靠的是政治手段和群众运动，欠缺理论深度，其排孔影响随着太平天国的失败随之中断，难以长久。

　　对中华传统文化尤其是儒学最直接、最彻底、最猛烈的批判是五四新文化运动。从1915年到1921年间，新文化运动以《新青年》为主要阵地，在吴虞、易白沙、陈独秀、李大钊、胡适等带领下，或以民主、科学或以马克思主义为批判武器，以激进主义的姿态全方位地揭露儒学与封建帝制的关系，对传统文化展开尖锐批评，言辞激烈。例如，陈独秀在揭露儒学维护纲常名教时曾说："周礼崇尚虚文，汉则罢黜百家而尊儒重

---

① 《仁学》。

道。——名教之所昭垂，人心之所祈向，无一不与社会现实生活背道而驰"[1]"三纲之根本义，阶级制度是也。所谓名教，所谓礼教，皆以拥护此别尊卑明贵贱制度者也。近世西洋之道德政治，乃以自由平等独立之说为大原，与阶级制度极端相反，此东西文明之一大分水岭也"[2]；李大钊在批判儒学限制民主自由时曾说："'国民教育以孔子之道为修身大本'一语，……不啻将教授自由、言论自由、出版自由、信仰自由，隐然为一部分之取消，是必有大奸慝怀挟专制之野心者，秘持其权衡，而议坛诸公，未能烛照其奸，诚为最可痛惜之事"[3]；吴虞在揭露专制制度源于儒家的教条时曾说："君主既握政教之权，复兼家长之责，作之君，作之师，且作民父母，于是家族制度与君主政体遂相依附而不可离。儒教徒之推崇君主，直驾父母而上之，故儒教最为君主所凭藉而利用。此余所以谓政治改革而儒教家庭制度不改革，则尚余此二大部专制，安能得真共和也！"[4]总体来看，新文化运动的斗士们普遍认为封建社会吃人的礼教和坑害人的制度根源于儒家思想，他们将儒学以及传统

---

① 陈独秀：《敬告青年》，《陈独秀文集》第一卷，北京：人民出版社，2011年，第94页。

② 陈独秀：《吾人最后之觉悟》，《陈独秀文集》第一卷，北京：人民出版社，2011年，第140页。

③ 李大钊：《宪法与思想自由》，《李大钊文集》第一卷，北京：人民出版社，1999年，第231—232页。

④ 吴虞：《读〈荀子〉书后》，《吴虞集》，成都：四川人民出版社，1985年，第110页。

文化视为封建专制主义的精神支撑、奴役中国人民的枷锁和中国黑暗政治的根源。需要指出的一点是，新文化运动的战将们尽管反对封建礼教，但是他们并不是要抛弃一切儒家伦理，例如，陈独秀承认"（若夫）温良恭俭让信义廉耻诸德，乃为世界实践道德家所同遵"①。鲁迅亦曾说过："新文化仍然有所承传，于旧文化也仍然有所择取。"②新文化运动最大的历史功绩就在于，破除了儒学的权威和人们对孔子的盲目信仰，将中国人的思想从权威和偏见之中解放了出来，"如果说18世纪欧洲（主要是法国）的启蒙运动使人从神权的桎梏下解放出来，那么'五四'新文化运动则使中国人从孔子儒家为轴心的传统文化的束缚下挣脱出来，追求个体从大家庭中冲决出来取得自由平等独立的权利和地位"③。当然，五四新文化运动对于传统文化的批判，从学理角度分析，有些言辞过于偏激，对儒学以及传统文化的评价也欠缺全面、客观和公正，但是面对民族兴衰存亡的严峻局势，结合当时政治革新无望、复古思潮猖獗、复辟帝制的力量频频利用儒学及传统道德的社会环境和历史背景，新文化运动对儒学及传统道德的批判和反思带有强烈的民

①陈独秀著、任建树编：《陈独秀著作选编》（第一卷），上海：上海人民出版社，2009年，第251页。

②鲁迅：《集外集拾遗〈浮士德与城〉后记》，《鲁迅全集》第7卷，北京：人民文学出版社，2005年，第373页。

③陈旭麓：《近代中国社会的新陈代谢》，上海：上海人民出版社，1992年，第398页。

族情绪也是可以理解的，倘若当时不采取这种强烈甚至极端的方式，便难以对抗强大的反动力量，便难以起到促国民猛醒的作用。况且这种极端的批判对传统文化本身的发展也有一定的积极作用，经过尊孔与排孔的碰撞，荡涤净了附着在儒学身上的污泥浊水，新儒家就是在此运动中被催生出来的。1966年至1976年十年动乱期间，对儒学乃至整个传统文化的态度再次陷入极端之中，如何对待传统文化的问题被上升为政治立场问题，给传统文化带来了较大的伤害。文革结束之后，对传统文化的定位在拨乱反正中得到了纠正，人们对中华传统文化的态度逐步回归理性。

二、辩证看待中华传统价值理念的多元影响

综观上述对中华传统文化的批判，其动机、手段、程度和后果虽不尽相同，但往往都倾向于给中华传统文化尤其是儒学扣上一顶否定的大帽子，笼统地讲传统文化或儒学限制民主自由、传统文化或儒学阻碍经济与科技发展、传统文化或儒学造就奴性的公民、传统文化或儒学是封建主义的护身符、传统文化或儒学与现代生活格格不入等。在很长一段时间，中华传统文化在中国人心目中成了封建、腐朽、落后的代名词。而事实

上，中华传统文化并不单纯是封建社会意识形态和历代政治制度的附属品，它更积淀了中华民族几千年来的历史经验和优良传统，包含着中华民族对社会人生的深刻认识，是一种具有社会规范作用和道德感召力的文化力量，其中蕴含的积极因素，具有跨时代的生命力和超历史的恒常价值。对于中华传统文化，绝对不是用一个"好"或者"坏"就能简单概括的，它对中华民族的影响是多元的，应该全面辩证地看待它。下面举几个中华传统价值理念中长期饱受诟病之处来说明之。

譬如，中华传统文化对道德的推崇。中华传统文化的主干——儒学建构了一个堪称世界上最完备的道德体系。儒家将最高道德称为"仁"，在"仁"涵盖和统摄之下，还有忠、孝、悌、信、义、温、良、恭、俭、让等许许多多具体的道德，涉及社会生活的方方面面。儒学特别注重道德修养，特别看重道德在协调人际关系中的作用，将是否具备道德看作是人之是否为人的根据，将道德上的进步与完善视为人精神世界的最高追求。有人认为这样一种价值取向，容易陷入泛道德主义而忽视了人在其它方面的发展，高扬道德理性的后果是忽视科技理性，从而造成中国在科学技术方面落后于西方。但考察历史事实则会发现这种看法有失偏颇：中国在科技方面的落后仅是最近三四百年的事情，而在此之前中国古代社会也曾创造过辉煌灿烂的技术文明，造纸术、印刷术、指南针、火药的发明影响了整个世界，甚至在航海和天文方面的成就也高于同期的西方国家。而15世纪之前，儒学早已成为中国的正统思想，儒家的价值理念已经影响了中国一千多年，可见，将中国没有产生出近代科学的原因完全归罪于儒学，显然不够允当。此外，中华传统文化崇尚道德的价值取向，还有一个很大意义在于中华传统文化以道德追求取代了宗教信仰，它引导人们去追寻道德完善而不是去信仰彼岸世界，凸显出非宗教的理性精神，这培养了中华民族务实理性的作风，使之远离了好骛虚幻的彼岸世界和非理智的宗教狂热，这种务实理性的精神也是科技发展所需要的，像西方中世纪发生的宗教对科学的压制和迫害在中国这种理性氛围之下从来都没有发生过。

譬如，中华传统文化对"忠"、"孝"的倡导。有人认为，中华传统文化宣扬的忠、孝观念，将人变成了盲目服从的奴隶，丧失掉了人格尊严。确实，儒学从人的血缘亲情出发，将"子对父以孝"拓展至"臣事君以忠"，并在汉代发展成"君为臣纲，父为子纲，夫为妻纲"的三纲，忠孝观念被绝对化、凝固化，成为封建统治者、封建家庭压迫个体身心自由的工具，抑制了自由、民主的发展。但是，倘若去除掉"三纲"这种极端化的愚忠、愚孝，还原其本意，便可发现儒学的"忠"并非让大臣对君主绝对服从，而是要以社会公义即"道"为标准来辅佐君主，如果背离"道"而一味地迎合君主，则不仅不是"忠"，反倒是"国贼"。即谓："有大忠者，有次忠者，有下忠者，有国贼者。以道覆君而化之，是谓大忠也。以德调君而辅之，是谓次忠也。以谏非君而怨之，是谓下忠也。不恤乎公道达义，偷合苟同以之持禄养交者，是谓国贼也。若周公之于成王，可谓大忠也。管仲之于桓公，可谓次忠也。子胥之于夫差，可谓下忠也。曹触龙之于纣，可谓国贼也。皆人臣之所为也，吉凶贤不肖之效也。"[1]"国亡而弗知，不智也。知而不争，非忠也。争而不死，非勇也。"[2]显而易见，这种"从道不从君"心系国家安危的"忠"实际上就是一种爱国主义，即使移植到现代社会也是有积极意义的，岳飞、文天祥等都是这种"忠"理念下熏陶出来的爱国楷模。"孝"同样如此，儒学本义并不提倡"愚孝"，"对父命的服从"是否是"孝"要根据服从的具体内容来判断。此外，儒学还从"孝"引申出做一切事情都要兢兢业业，即"居处不庄，非孝也；事君不忠，非孝也；莅官不敬，非孝也；朋友不信，非孝也；战陈无勇，非孝也。五者不遂，灾及于亲，敢不敬乎"[3]。这种由孝亲而推至益于全社会的思维方式，有利于培养中华民族的社会责任感，对促进社会发展有积极意义。可见，对中华传统文化所提倡的"忠孝"观念，不能简单地扣上一顶封建糟粕的帽子而一棍子打死，对其影响应该具体问题具体分析。

譬如，中华传统文化对"中庸"的崇尚。"中庸"是中华传统文化所倡导的为人处事的方法，也是其孜孜以求的最高境界。很多人将儒家的"中庸"简单地理解为折中主义、调和主义，其实这是对"中庸"思想的严重误解。中庸的"中"并非

---

① 《韩诗外传集释·卷四·第三章》。

② 《韩诗外传集释·卷一·第十二章》。

③ 《礼记·祭义》。

简单的"折中"，而是指以"道"为标准的"适中"。例如，"适中"用于国家治理就要求"宽""猛"结合，用在学习上就要"学""思"结合，用于个人修养上则要"文""质"结合。有人批评这种"适中"容易沦为改良主义，倡导中庸的儒学确实具有浓厚的改良色彩，有时会被保守派利用而变成阻碍变革的工具。但是改良主义也并非一无是处，如果矛盾还没有激化到一定程度，作为一种自我调整的主要手段，改良可以在确保社会稳定的前提下革旧迎新，也不失为一个好办法。毕竟从整个历史发展来看，与过去的制度彻底决裂，用激进的革命手段予以变革的时候少，而在不引起社会大动荡的前提下，予以修正、矫枉过正的时候多。历史也表明，在社会大动荡的时候，儒学总是很难找到用武之地，而一旦社会发展走上正轨，儒家思想就会受到重视。所以不能笼统地说革命就是进步，而改良就是落后。此外，"中庸"还包含着"中和"之意，《中庸》一书首先提出了"中和"概念，朱熹也明确指出"《中庸》之'中'，实兼'中和'之义"①，"中和"不是指无原则的调和之"和"，而是指包容和谐，其容忍多样性的存在，追求的是对立中的统一、差别中的和谐，无原则的求同不是"中庸"的本义。所以说，"中庸"思想倘若理解成"折中主义"、"调和主义"，负面影响当然很大；倘若正确认识"中庸"的含义，从"合于道的适中"、"和而不同的中和"的角度去应用，那其积极影响便一

① 《朱子语类·卷六十二·中庸一》。

目了然。

　　再譬如，中华传统文化对人际关系的重视。儒学特别看重人际关系，总是将人理解成社会人，将人置于社会关系中去思考，强调人的社会角色和社会责任，群体价值高于个体价值。而在一切人际关系中，儒学最看重家庭关系，儒学的仁爱就是以血缘亲情为基础拓展开来的，从爱自己的父母兄弟到爱同族、同乡，以至全社会，这是一种有差等、有亲疏远近的爱，其中，血缘亲情最直接、最真实、最强烈。从这种思想强调家庭本位来看，确实容易形成权力领域中常见的拉关系、走门子、任人唯亲等腐败现象。但是从另一方面来看，儒学重视人际关系的思想在历史上也起到了较大的积极作用。首先，这种思想强化了人的家庭责任感、社会使命感。由于儒学视野中的"人"，不是孤零零的个人，而是有社会角色、社会使命在身的社会人，所以个人就不能为所欲为，个人的思想与行为就要首先顾及到家庭或社会的整体利益，这是一种朴素的"集体主义"。儒学的这种思想倾向造就了中华民族顾全大局、任劳任怨、勇于牺牲奉献、勇于承担责任的优秀品质，"天下兴亡、匹夫有责"就是这种品质的最高境界。在这种社会责任感和历史使命感的熏陶之下，中华民族在危难时刻总是有很多志士仁人挺身而出，心甘情愿舍个体、为群体，舍小家、为大家，这是我们民族历经磨难而不衰，一次次走出低谷的主要动力之一。其次，虽然儒学处理人际关系的原则即以血缘关系为圆心的"仁爱"，有等差、有亲疏，但正因为如此，它比较符合人的真实情感，更符合中国古代家国同构的社会特点，因而容易得到民众的认同，也容易实行，它去掉了空想成分，是一种脚踏实地的博爱思想，在中国历史上发挥着促进人际和谐的积极作用。

总而言之，中华传统文化对中华民族的影响是多元的，应坚持辩证唯物主义和历史唯物主义的世界观和方法论，秉持客观、礼敬的态度对待中华传统文化，既不能复古泥古，也不能简单否定，而应该取其精华、去其糟粕，有鉴别地加以对待，有扬弃地予以继承。

三、推动中华优秀传统文化创造性转化和创新性发展

中国共产党在领导中国人民进行革命、建设、改革的伟大实践中，自觉地肩负起了传承发展中华优秀传统文化的历史责任，尤其是中国特色社会主义进入新时代以来，以习近平同志为核心的党中央高度重视中华优秀传统文化，将中华优秀传统文化视为中国特色社会主义植根的文化沃土，视为社会主义道德建设的丰厚滋养，视为涵养社会主义核心价值观的重要源泉，视为树立文化自信、涵育民族精神的坚实根基。习总书记

讲："怎样对待本国历史？怎样对待本国传统文化？这是任何国家在实现现代化过程中都必须解决好的问题。"[①]对于这个问题，党中央明确了大的方向：即"推动中华优秀传统文化创造性转化、创新性发展"。创造性转化、创新性发展是中华优秀传统文化在新时代绽放光彩的正确路径，是指导新时代传承发展中华优秀传统文化的重要方针。在实现创造性转化和创新性发展的过程中，以下四个方面不可或缺。

其一，扎实开展对中华优秀传统文化的学理研究，加强对中华优秀传统文化的挖掘和阐发，这是推动中华优秀传统文化实现创造性转化、创新性发展的基础。根深才能叶茂，深入才能浅出。中华传统文化历经数千年的发展，形成了十分丰富的内涵。只有深入剖析中国历史上各思想流派的基本观点、演进脉络、表现形式和历史影响，在全面、在深刻地理解中华传统文化的基础上，才有可能给予中华传统文化及其核心价值理念以客观公允的评价，才有可能将其中能够支撑中华民族继续前进的、值得大力弘扬的优秀部分筛选出来，进而才谈得上结合时代发展对中华优秀传统文化所蕴含的思想观念、人文精神、道德规范进行创造性转化和创新性发展。这就要求理论工作者深入到古典文献中、深入到历史史实中，扎实开展学理研究，只有这样，才有可能把跨越时空、超越国度、富有永恒魅力、

---

① 习近平：《牢记历史经验历史教训历史警示　为国家治理能力现代化提供有益借鉴》，《人民日报》，2014年10月14日01版。

具有当代价值、世界意义的文化精神提炼出来、展示出来、传播出去，才能为中华优秀传统文化的创造性转化、创新性发展奠定坚实的理论基础，提供可持续发展的动力。正如习近平总书记所指出的那样："不忘本来才能开辟未来，善于继承才能更好创新。"①关于挖掘和阐发中华优秀传统文化，习近平总书记的相关论述主要涉及两个向度，一是要讲清楚中华优秀传统文化的历史渊源、发展脉络、基本走向，讲清楚中华文化的独特创造、价值理念、鲜明特色；二是对中华优秀传统文化中适合于调理社会关系和鼓励人们向上向善的内容，结合时代条件加以继承和发扬，赋予其新的涵义。总之，深入挖掘研究中华优秀传统文化所蕴含的思想观念、人文精神、道德规范，是坚守中华文化立场、传承中华文化基因的保障。

　　其二，关注现实，以中华优秀传统文化的优势积极回应时代需求，为新时代中国发展所面临的重大课题服务，这是实现中华优秀传统文化创造性转化和创新性发展的关键。

　　对内来说，涵养社会主义核心价值观、培育民族精神、提升公民道德素养是新时代中国社会发展在精神文明建设领域所面临的重大课题。在这方面，中华优秀传统文化可以大有作为，中华优秀传统文化蕴含着丰富的道德资源，贵德、明礼、尚义是其鲜明特征，在历史上，中华优秀传统文化发挥了

---

①习近平：《把培育和弘扬社会主义核心价值观作为凝魂聚气强基固本的基础工程》，载《人民日报》，2014年02月26日01版。

涵养中华民族精神品格的作用；在当代，中华优秀传统文化仍然是涵养社会主义核心价值观、建设社会主义道德的不竭源泉。党中央充分重视中华优秀传统文化在这方面的价值，习近平总书记强调："培育和弘扬社会主义核心价值观必须立足中华优秀传统文化。牢固的核心价值观，都有其固有的根本。抛弃传统、丢掉根本，就等于割断了自己的精神命脉。"①"国无德不兴，人无德不立。一个民族、一个人能不能把握自己，很大程度上取决于道德价值。如果我们的人民不能坚持在我国大地上形成和发展起来的道德价值，而不加区分、盲目地成为西方道德价值的应声虫，那就真正要提出我们的国家和民族会不会失去自己的精神独立性的问题了。如果没有自己的精神独立性，那政治、思想、文化、制度等方面的独立性就会被釜底抽薪。"②鉴于此，中华优秀传统文化应发挥自身的资源优势，积极回应涵养社会主义核心价值观、提升公民道德素养、培育民族精神、增强文化自信的重大时代课题，以此为切入点，深入探索中华优秀传统文化与社会主义核心价值观、社会主义道德体系之间的内在关联。这是新时代推动中华优秀传统文化实现创造性转化、创新性发展的很好的切入点，可以充分彰显出中

---

① 习近平：《把培育和弘扬社会主义核心价值观作为凝魂聚气强基固本的基础工程》，《人民日报》，2014年2月26日01版。

② 习近平：《在省部级主要领导干部学习贯彻十八届三中全会精神全面深化改革专题研讨班上的讲话》，《习近平关于全面深化改革论述摘编》，北京：中央文献出版社，2014年，第88页。

华优秀传统文化的现代价值。

　　对外来看，我国作为一个具有五千年历史的文明古国，应如何彰显出我们的民族特色、以更好的文化形象走向世界，是当前我国在国际发展方面所面临的重大课题。中华民族的伟大复兴不是关起国门来的"复兴"，而是要在世界民族之林中彰显中国精神，在国际担当中为人类发展贡献出中国智慧和中国力量。这实际上都要体现出"中国特色"，这就牵扯到中华民族在国际交往中的文化形象问题，文化是一个国家、一个民族的灵魂，"文化自信，是更基础、更广泛、更深厚的自信，是更基本、更深沉、更持久的力量。坚定文化自信，是事关国运兴衰、事关文化安全、事关民族精神独立性的大问题"①。这就要求中华民族必须清晰地确立自身的文化形象，找到自身的精神归属，只有这样，才能有能力和气度在国际交往中与世界其他文明游刃有余地开展对话。而中华优秀传统文化作为中华民族的根和魂，它存在于中国人的文化心理结构中，塑造着中国人的性格，中国人之所以是中国人，不仅仅因为有黄皮肤、黑眼睛，更重要的是因为有中国人的思维方式、中国人的处世特点，而这些都植根于中华传统文化之中，中华传统文化承载着中华民族的精神基因。可以说，中华优秀传统文化体现了中华民族五千年来的历史积淀，代表着中华民族独特的精神标识，

---

① 习近平：《在中国文联十大、中国作协九大开幕式上的讲话》，《人民日报》，2016年12月1日02版。

最能体现中华民族的精神特色，可谓中华民族走向世界的文化凭藉。正如习近平总书记所讲的那样："中华民族有着深厚文化传统，形成了富有特色的思想体系，体现了中国人几千年来积累的知识智慧和理性思辨。这是我国的独特优势。"[①]基于此，推动中华优秀传统文化实现创造性转化和创新性发展，就要特别关注中华优秀传统文化中能够彰显中华民族特色，有利塑造中华民族文化形象的那一部分内容，进行发掘、提炼和弘扬。

其三，积极探索中华优秀传统文化介入当代中国人精神世界的可行路径，这是中华优秀传统文化实现创造性转化、创新性发展的保障。当代中国的经济基础、社会结构、发展目标、国际环境等重要方面与古代中国相比已经发生了根本变化，中华传统文化作为产生于古代并在古代发展成熟的文化形态，其价值理念若想在新时代发挥切实作用，就必须了解当代中国人的精神需求。当今社会竞争激烈、注重效率，商品交换讲究等价原则，市场行为追求的是经济利益并力图使这种利益最大化。当这样的经济原则不断入侵到心灵领域和人际关系之中时，便会加剧个体精神世界的迷茫与焦虑，例如，市场崇尚竞争，讲究效率，但如果"竞争"被过度地扩大到人际交往中去，那就有可能引起人与人之间关系的紧张；讲究效率、视时

---

① 《习近平在哲学社会科学工作座谈会上的讲话》，《人民日报》，2016年5月19日02版。

间如金钱的观念如果过于强化，就有可能失去生活与工作的平衡，过于忙碌的结果往往导致身心疲惫、精神空虚。再例如，等价交换原则适合商品交换，但却不一定适合社会生活的其他领域，一个人在工作、生活、人际交往中的许多付出受到条件所限往往得不到对等的回报，有时候即使有对等回报也往往不会立竿见影，这时如果总想着等价交换，就极可能陷入心理失衡，对社会和人生感到灰心失望。此外，如果过分注重经济利益而不加节制，就有可能沦为拜金主义，凡事利字当头，带来的必然是人情的冷漠、公心的丧失。而中华优秀传统文化蕴含着个体精神修养以及人际交往方面的丰厚资源，例如，儒家对和谐的追求、对人伦亲情的重视、对群体利益的崇尚、重义轻利的价值取向、和而不同的处世方式等，恰好可以对市场经济的诸多原则起到理性校航的作用；而道家逍遥放达的精神追求、道法自然的价值理念以及辩证思维方式等，可以帮助现代人平衡心理，在一定程度上能够对过重的功利心起到纠偏的作用，让人"拿得起"也能"放得下"。鉴于此，从日常人伦领域入手，回应当代中国人在人生修养与人际交往方面的困惑与迷茫，可以激发当代人对中华优秀传统文化的认同感，这是中华优秀传统文化介入当代中国人精神世界的有效路径。日常人伦领域是新时代对中华优秀传统文化进行创造性转化、创新性发展所应该继续坚守并大力拓展的领域。当然，在推动中华优秀传统文化介入当代日常人伦领域的过程中，只进行学理研究，集中在学者的小圈子里，采用学究气浓厚、老百姓听不懂的语言和形式是不行的。要想真正走入生活中，成为"活"传统，就要探索群众喜闻乐见的方式，将中华传统价值理念具体化、形象化、生动化。为此，可以综合运用报纸、书刊、电台、电视台、互联网等各类载体，融通多媒体资源，创新中华优秀传统文化的表达方式，这样才能帮助中华优秀传统文化充分彰显出其时代价值和永恒魅力，使之与现代文化、现实生活相融相通。

其四，增强自我批判意识，吸收外来文明精华，是促进中华优秀传统文化创造性转化和创新性发展应该具备的视野。"一个民族要认识自己，就要走出自己的墙，从外面看。一个民族要认识别个民族，就要走进别人的墙，从里面看。其实，认识自己和认识别人是同时的。"①我们要珍视中华优秀传统文化，以使中华民族在精神世界获得自我主宰的能力，但绝不能走民族文化至上主义的路子，绝不能通过排斥外来文化的手段来达到传统文化自存的目的。积极借鉴别国别民族思想文化的长处和精华，这是增强本国本民族思想文化自尊、自信、自立的重要条件。传统文化要保持其活力，成为"活"传统，应始终保有自我反省、自我批判的意识，这是传统文化自我发展、自我完善的不可或缺的环节。在外来文化大量涌入、文化交流日益频繁的今天，传统文化只有具备了海纳百川的气度，启动

---

① 乐黛云，勒·比松主编：《独角兽与龙———在寻找中西文化普遍性中的误读》，北京：北京大学出版社，1995年，第79页。

自我更新的内部机制，"坚持交流互鉴、开放包容。以我为主、为我所用，取长补短、择善而从，既不简单拿来，也不盲目排外，吸收借鉴国外优秀文明成果，积极参与世界文化的对话交流"①，将外部刺激视为自身发展的新起点，才能得到不断的丰富和发展，这就是习近平总书记所讲的"对人类社会创造的各种文明，无论是古代的中华文明、希腊文明、罗马文明、埃及文明、两河文明、印度文明等，还是现在的亚洲文明、非洲文明、欧洲文明、美洲文明、大洋洲文明等，我们都应该采取学习借鉴的态度，都应该积极吸纳其中的有益成分"②，不忘本来、吸收外来、面向未来，在继承中转化，在学习中超越。当然，在相互学习借鉴的过程中，"要坚持从本国本民族实际出发，坚持取长补短、择善而从，讲求兼收并蓄，但兼收并蓄不是囫囵吞枣、莫衷一是，而是要去粗取精、去伪存真"③。总之，加强与世界文明的交流互鉴，是新时代传承和发展中华优秀传统文化的必由之路。

综上所述，推动中华优秀传统文化在新时代实现创造性转化和创新性发展的关键是要处理好继承与创新的关系，要在

---

① 中共中央办公厅、国务院办公厅：《关于实施中华优秀传统文化传承发展工程的意见》。

② 《在纪念孔子诞辰2565周年国际学术研讨会暨国际儒学联合会第五届会员大会开幕会上的讲话》，《人民日报》，2014年09月25日02版。

③ 《在纪念孔子诞辰2565周年国际学术研讨会暨国际儒学联合会第五届会员大会开幕会上的讲话》，《人民日报》，2014年09月25日02版。

扬弃中继承、在转化中创新。一方面要对中华优秀传统文化进行深入的学理研究；另一方面，还要在此基础上，切准新时代的脉搏，关注新时代中国社会发展，关注中国人精神世界的需求，以中华优秀传统文化的优势和特色回应时代的需求和挑战。总之，要在回应现实问题、寻求与新时代融合点的过程中，在与世界文明的交流互鉴中，促使中华优秀传统文化转化为民族复兴、国家富强、人民幸福的有益精神财富，使之与现代社会相协调，不断赋予其新的时代内涵。

参考文献

中国古典文献及其译注类（按在文中出现的顺序排列）：

01. 周振甫：《诗经译注》，北京：中华书局，2010年版。

02. 王世舜、王翠叶译注：《尚书》，北京：中华书局，2012年版。

03. [汉]戴圣：《礼记》，胡平生、张萌译注，北京：中华书局，2017年版。

04. [汉]刘安：《淮南子》，陈广忠译注，北京：中华书局，2012年版。

05. 方勇译注：《墨子》，北京：中华书局，2015年版。

06. 曹础基：《庄子浅注》，北京：中华书局，2000年版。

07. 杨伯峻：《论语译注》，北京：中华书局，2017年版。

08. 杨伯峻：《孟子译注》，北京：中华书局，2012年版。

09. 高华平、王齐洲、张三夕译注：《韩非子》，北京：中华书局，2015年版。

10. [汉]司马迁：《史记（评注本）》，韩兆琦评注，长沙：岳麓书社，2012年版。

11.黄晖：《论衡校释（附刘盼遂集解）》，北京：中华书局，
2017年版。

12.［清］孙诒让：《墨子间诂》，孙启治点校，北京：中华书局，
2009年版。

13.石磊译注：《商君书》，北京：中华书局，2016年版。

14.许富宏：《慎子集校集注》，北京：中华书局，2013年版。

15.［汉］班固：《汉书》，［唐］颜师古注，北京：中华书局，
2005年版。

16.［宋］朱熹：《四书章句集注》，北京：中华书局，1986年版。

17.方勇、李波译注：《荀子》，北京：中华书局，2015年版。

18.［西汉］董仲舒：《春秋繁露》，张世亮、钟肇鹏、周桂钿译
注，北京：中华书局，2012年版。

19.杨天才、张善文译注：《周易》，北京：中华书局，2011
年版。

20.陈鼓应：《老子译注及评介》，北京：中华书局，1984年版。

21.［宋］契嵩：《镡津文集》，钟东、江晖点校，上海：上海古
籍出版社，2016年版。

22.［南朝梁］慧皎等：《高僧传合集》，上海：上海古籍出版社，
2011年版。

23.［明］憨山德清：《老子道德经解》，尚之煜校释，北京：中
华书局，2020年版。

24.［宋］黎靖德编：《朱子语类》，王星贤点校，北京：中华书

局，1986年版。

25.［宋］陈淳：《北溪字义》，熊国祯、高流水点校，北京：中华书局，1983年版。

26.《续修四库全书（一一二七·子部·杂家类）》，上海：上海古籍出版社，1996年版。

27.王文锦：《大学中庸译注》，北京：中华书局，2019年版。

28.［春秋］左丘明：《左传》，郭丹、程小青、李彬源译注，北京：中华书局，2012年版。

29.［汉］韩婴：《韩诗外传集释》，许维遹校释，北京：中华书局，1980年版。

30.［汉］许慎：《说文解字》，［宋］徐铉校订，北京：中华书局，2017年版。

31.［汉］毛亨传，［汉］郑玄笺，［唐］孔颖达疏：《毛诗正义（十三经注疏）》，龚抗云、李传书、胡渐达、肖永明、夏先培整理，刘家和审定，北京：北京大学出版社，2000年版。

32.徐正英、常佩雨译注：《周礼》，北京：中华书局，2014年版。

33.［清］吴楚材、吴调侯编：《古文观止》，钟基、李先银、王身钢译注，北京：中华书局，2011年版。

34.《清史稿校注》，台湾：台湾商务印书馆，1999年版。

35.顾炎武著，黄汝成集释：《日知录集释》，奕保群、吕宗力点校，上海：上海古籍出版社，2014年版。

36.［宋］朱熹：《朱子全书》第21册，朱杰人、严佐之、刘永祥主编，上海：上海古籍出版社，2002年版。

37.[明]冯梦龙：《醒世恒言》，北京：中华书局，2009年版。

38.[西汉]刘向：《说苑》，程翔评注，北京：商务印书馆，
2018年版。

39.[明]王守仁：《王阳明全集》，吴光、钱明、董平、姚延福
编校，上海：上海古籍出版社，2011年版。

40.胡平生：《孝经译注》，北京：中华书局，1996年版。

41.[宋]袁采：《袁氏世范》，刘云军校注，北京：商务印书馆，
2017年版。

42.[清]董诰等：《全唐文》，北京：中华书局，1983年版。

43.[宋]程颢、程颐：《二程集》，王孝鱼点校，北京：中华书
局，2004年版。

44.[明]黄宗羲：《明夷待访录》，段志强译注，北京：中华书
局，2011年版。

45.[清]顾炎武：《亭林诗文集·诗律蒙告》，刘永翔校点，上
海：上海古籍出版社，2012年版。

46.[清]傅山：《霜红龛集》，太原：山西人民出版社，1985
年版。

47.[清]陈梦雷：《古今图书集成》，中华书局影印，北京：中
华书局，1934年版。

48.[春秋]左丘明：《国语》，陈桐生译注，北京：中华书局，
2013年版。

49.[战国]公羊高：《春秋公羊传》，黄铭、曾亦译注，北京：

中华书局，2016年版。

50.［宋］司马光：《资治通鉴》，湖南中国社会科学院历史研究所清史研究室，长沙：岳麓书社，2009年版。

51.《明实录》，台北：中央研究院历史语言研究所，1962年版。

52.中国社会科学院历史研究所清史研究室：《清史资料·第四辑》，北京：中华书局，1983年版。

53.［后晋］刘昫等：《旧唐书》，北京：中华书局，1975年版。

54.［明］李贽：《焚书·续焚书》，张建业译注，北京：中华书局，2011年版。

55.［清］王夫之：《思问录》，北京：中华书局，2009年版。

近现代文献类（按在文中出现的顺序排列）

01.吴虞：《吴虞集》，成都：四川人民出版社，1985年版。

02.李泽厚：《中国古代思想史论》，北京：人民出版社，1986年版。

03.张岱年：《文化与哲学》，北京：教育科学出版社，1988年版。

04.白寿彝：《中国通史》，上海：上海人民出版社，1989年版。

05.杨向奎：《大一统与儒家思想》，北京：中国友谊出版公司，1989年版。

06.林语堂：《吾国与吾民》，北京：中国戏剧出版社，1991年版。

07.钱逊：《先秦儒学》，沈阳：辽宁教育出版社，1991年版。

08. 汤一介：《儒道释的内在超越问题》，南昌：江西人民出版社，1991年版。

09. 陈旭麓：《近代中国社会的新陈代谢》，上海：上海人民出版社，1992年版。

10. 沙莲香：《中国民族性》，北京：中国人民大学出版社，1992年版。

11. 蒙培元：《中国哲学主体思维》，北京：东方出版社，1993年版。

12. 钱穆：《中国文化史导论》，北京：商务印书馆，1994年版。

13. 乐黛云，勒·比松主编：《独角兽与龙——在寻找中西文化普遍性中的误读》，北京：北京大学出版社，1995年版。

14. 梁漱溟：《中国文化要义》，上海：学林出版社，1995年版。

15. 陈谷嘉：《儒家伦理哲学》，北京：人民出版社，1996年版。

16. 辜鸿铭：《中国人的精神》，海口：海南出版社，1996年版。

17. 杜维明：《现代精神与儒家传统》，北京：生活·读书·新知三联书店，1997年版。

18. 胡发贵：《儒家文化与爱国传统》，上海：上海社会科学院出版社，1998年版。

19. 李景林：《教养的本原》，沈阳：辽宁人民出版社，1998年版。

20. 唐凯麟：《成圣与成贤——儒家伦理道德精粹》，长沙：湖南大学出版社，1998年版。

21. 费孝通：《中华民族多元一体格局》（修订本），北京：中央民族大学出版社，1999年版。

22. 李大钊：《李大钊文集》第一卷，北京：人民出版社，1999年版。

23. 刘文英：《儒家文明——传统与传统的超越》，天津：南开大学出版社，1999年版。

24. 邵汉明：《中国文化精神》，北京：商务印书馆，2000年版。

25. 伍雄武：《中华民族的形成与凝聚新论》，昆明：云南人民出版社，2000年版。

26. 董根洪：《儒家中和哲学通论》，济南：齐鲁书社，2001年版。

27. 王新春：《神妙的周易智慧》，北京：中国书店出版社，2001年版。

28. 骆承烈：《孔学研究》，济南：齐鲁书社，2002年版。

29. 谭嗣同：《仁学》，北京：华夏出版社，2002年版。

30. 郑万耕：《传统与超越——中国哲学的现代诠释》，北京：北京师范大学出版社，2002年版。

31. 蔡方鹿：《中国道统思想发展史》，成都：四川人民出版社，2003年版。

32. 方克立：《中国传统哲学的现代诠释》，北京：商务印书馆，2003年版。

33. 徐旭生：《中国古史的传说时代》，桂林：广西师范大学出版社，2003年版。

34. 徐复观：《中国思想史论集》，上海：上海书店出版社，

2004年版。

35. 唐君毅：《中国文化之精神价值》，桂林：广西师范大学出版社，2005年版。

36. 柳诒徵：《中国文化史（上、下）》，长沙：岳麓书社，2010年版。

37. 陈独秀：《陈独秀文集》第一卷，北京：人民出版社，2011年版。

38. 张岂之：《中华优秀传统文化核心理念读本》，北京：学习出版社，2012年版。

39. 鲁迅：《且介亭杂文》，南京：译林出版社，2013年版。

40. 陈来：《中华文明的核心价值》，北京：生活·读书·新知三联书店，2015年版。

41. 张岱年、程宜山：《中国文化精神》，北京：北京大学出版社，2015年版。

42. 郭齐勇：《中国文化精神的特质》，北京：生活·读书·新知三联书店，2018年版。

43. 汤一介：《中国传统文化的特质》，上海：上海教育出版社，2019年版。

马克思主义经典著作：

01. 马克思、恩格斯：《马克思恩格斯选集》，北京：人民出版社，2012年版。

02. 中共中央文献研究室：《习近平关于全面深化改革论述摘

编》，北京：中央文献出版社，2014年版。

03.中共中央文献研究室：《习近平关于社会主义文化建设论述摘编》，北京：中央文献出版社，2017年版。

04.中共中央宣传部：《习近平新时代中国特色社会主义思想三十讲》，北京：学习出版社，2018年版。

05.教育部课题组：《深入学习习近平关于教育的重要论述》，北京：人民出版社，2019年版。

06.中共中央宣传部：《习近平新时代中国特色社会主义思想学习纲要》，北京：学习出版社、人民出版社，2019年版。

07.中共中央党史和文献研究院：《习近平关于注重家庭家教家风建设论述摘编》，北京：中央文献出版社，2021年版。

外国译著：

01.［德］黑格尔：《历史哲学》，王造时译，北京：生活·读书·新知三联书店，1956年版。

02.［德］黑格尔：《哲学史演讲录》，北京：商务印书馆，2007年版。

03.［德］亚斯贝斯：《历史的起源与目标》，北京：华夏出版社，1989年版。

04.［美］杜维明：《儒家思想新论——创造性转化的自我》，曹幼华、单丁译，南京：江苏人民出版社，1991年版。

05.［英］罗素：《中国人的性格》，王正平译，北京：中国工人出版社，1993年版。

06.［美］郝大维，安乐哲：《孔子哲学思微》，蒋弋为、李志林译，南京：江苏人民出版社，1996年版。

07.［美］塞缪尔·亨廷顿：《文明的冲突与世界秩序的重建》，周琪译，北京：新华出版社，1998年版。

08.［美］林恩·桑戴克：《世界文化史》，陈廷璠译，陈恒整理，上海：上海三联书店，2005年版。

09.［法］丹纳：《艺术哲学》，傅雷译，北京：生活·读书·新知三联书店，2016年版。